公認会計士試験

短答式試験対策シリーズ

財務会計論
【計算問題編】

TAC公認会計士講座

 ベーシック問題集

JN002210

TAC出版

TAC PUBLISHING Group

はじめに

　本書は，公認会計士試験の短答式試験対策を本格的に始められた方々を対象に，苦手論点の克服や，直前期の再確認のために，試験科目4科目のエッセンスを抽出し，試験や出題範囲全体の見通しを立てやすいように編集した問題集です。

　短答式試験対策を始められた方は，以下のような目標を設定して，本書に載っている問題に挑戦してみてください。たとえば，1回目は自分の弱点・知らなかった論点を見つける。2回目は解けなかった問題を中心に弱点となっている分野の充実を図る。3回目はより短い時間で解くためのコツをつかむ。
　また，苦手論点を克服したい方はその論点を集中的に，さらに直前期の再確認としては確実性と時間を意識して，問題に取り組まれるとよいでしょう。

　短答式試験に合格するための最短の道は基本をしっかりと身につけることです。そのため，本書では，本試験で確実に得点できなければならない論点だけに絞り込んで問題を載録しています。
　短答式試験合格のため，ぜひ本書をご活用ください。

ＴＡＣ公認会計士講座

　本書執筆にあたっては，令和5年4月1日以後開始する事業年度及び連結合計年度に適用される法令基準等に準拠しています。

公認会計士をめざす方へ

　公認会計士試験の制度は平成18年度より新しくなりました。まず第一の関門である短答式試験の合格基準は,「総点数の70％を基準として，公認会計士・監査審査会が相当と認めた得点比率」とされています。

　また，短答式試験合格については，２年間の有効期間が設定されています。そのため，多くの受験者が第一の関門としての短答式試験を重視する傾向にあります。これから公認会計士に挑戦される方たちにとっても，短答式試験に向けての周到な準備がどうしても必要となります。

　そこで本書では,TAC公認会計士講座において過去に短答式答案練習で出題した問題を中心として，各分野の重要性を十分に吟味し，基礎レベルをマスターできる問題を厳選収載しています。収載している問題,特に間違えた問題については，しっかり見直すようにしてください。

目　　次

問題編

Certified Public Accountant

当事業年度（×9年4月1日～×10年3月31日）に係る次の〔資料〕に基づき，現金過不足を雑益または雑損として処理する場合，正しい金額の番号を一つ選びなさい。

〔資　料〕

1．現金の決算整理前の帳簿残高は 280,000千円である。

2．決算に当たり現金の実際有高を調べたところ，次のものが保管されていた。

① 紙　幣　・　硬　貨　220,350千円

② 郵 便 切 手 ・ 葉 書　1,150千円

③ 収　入　印　紙　2,000千円

④ 他 人 振 出 小 切 手　40,000千円

⑤ 自 己 振 出 小 切 手　30,000千円

⑥ 先 日 付 小 切 手　80,000千円

⑦ 未 渡 小 切 手　40,000千円（対仕入先）

　　　　　　　　　　　30,000千円（営業費支払先）

⑧ 株 主 配 当 金 領 収 証　12,000千円

⑨ 社　債　利　札　3,000千円（期限到来済）

　　　　　　　　　　　1,000千円（期限未到来）

⑩ 振 替 貯 金 払 出 証 書　7,000千円

1．雑損　4,650千円　　　2．雑損　2,350千円　　　3．雑益　　350千円

4．雑益　2,350千円　　　5．雑益　3,000千円　　　6．雑益　3,350千円

問題 2　銀行勘定調整表

　現金，当座預金及び定期預金の決算整理前の勘定残高は〔資料Ⅰ〕のとおりであった。〔資料Ⅱ〕の決算整理事項及び参考事項に基づいて，貸借対照表に記載される現金及び預金として正しい金額の番号を一つ選びなさい。なお，会計期間は×9年4月1日から×10年3月31日までである。

〔資料Ⅰ〕　決算整理前の勘定残高

　　　　　現　金 438,000千円，当座預金 ？ 千円，定期預金 500,000千円

〔資料Ⅱ〕

1．現金の実査により次の事項が判明した。

　(1) 振出日が×10年5月1日になっている小切手35,000千円が含まれていた。

　(2) 次のものが未処理になっていた。

　　　配当金領収証18,000千円，期限到来後社債利札 6,000千円

2．銀行から取り寄せた当座預金残高証明書の決算日の残高は 3,456,000千円であった。当座預金勘定の決算整理前残高との差額を調査したところ，次の事項が判明した。

　(1) 未取付小切手：買掛金支払分　22,000千円

　(2) 未渡小切手：建物修理費支払分　88,000千円

　(3) 売掛金の振込の未記帳分　57,000千円

　(4) 銀行の締切後預入分　13,000千円

　(5) 電気料金の自動引落の未記帳分　27,000千円

　(6) 売掛金の振込79,000千円を97,000千円と誤記していた。

3．定期預金の内訳は次のとおりであった。

　(1)　200,000千円（預入日×7年5月16日　満期日×10年10月31日）

　(2)　300,000千円（預入日×8年6月7日　満期日×11年5月5日）

1．3,960,000千円	2．3,974,000千円	3．4,074,000千円
4．4,118,000千円	5．4,174,000千円	6．4,218,000千円

　次のア～エの仕訳について，正しいものには○，誤っているものには×を付すとき，正しい組合せの番号を一つ選びなさい。なお，当期は×10年3月31日を決算日とする1年である。なお，仕訳の単位は円である。

　ア．A社は×10年3月12日に受取手形30,000円（満期日×10年4月10日）を銀行で割り引き（保証債務については考慮しない），割引料 300円を差し引かれ，残額を当座預金とした。

　（借）当 座 預 金　　29,700　（貸）受 取 手 形　　30,000
　　　手 形 売 却 損　　　300

　　なお，決算時において割引料の未経過分 100円につき次の仕訳を行った。

　（借）前払手形売却損　　100　（貸）手 形 売 却 損　　　100

　イ．当期に貸倒処理した売掛金（すべて当期掛売上分）30,000円を当期中に現金で回収した。

　（借）現　　　　　　金　　30,000　（貸）貸 倒 引 当 金　　30,000

　ウ．商品売買を営む当社は以下の条件のもとに銀行から融資を受け，約束手形を差し入れた。資金は利息が差し引かれて当座預金に入金された。

　　＜条件＞借入金額：1百万円，金利：年2％，利払：3ヶ月ごとの前払，
　　　　　　契 約 日：×10年3月1日，
　　　　　　借入期間：契約日より2年間（3ヶ月ごとの手形の更新による）

　（借）当 座 預 金　　995,000　（貸）支 払 手 形　1,000,000
　　　支 払 利 息　　　5,000

エ．決算整理前の現金過不足勘定は貸方残高15,000円であった。決算に際して調査したところ，手数料受取額 6,000円，通信費支払額 3,000円，消耗品費支払額 4,000円，売掛金回収額22,000円，買掛金支払額10,000円及び前受金受取額50,000円の記帳漏れが判明した。原因不明分については雑益または雑損として処理することにした。

(借)	通　信　費	3,000	(貸)	現 金 過 不 足	15,000
	消 耗 品 費	4,000		受 取 手 数 料	6,000
	買　掛　金	10,000		売　掛　金	22,000
	前　受　金	50,000		雑　益	24,000

1. ア ○　イ ×　ウ ×　エ ×
2. ア ×　イ ○　ウ ×　エ ×
3. ア ×　イ ○　ウ ○　エ ×
4. ア ×　イ ×　ウ ○　エ ×
5. ア ×　イ ×　ウ ×　エ ○
6. ア ×　イ ×　ウ ×　エ ×

次に示すのは，当社が当期に売買ないし保有した株式に関する資料である。この〔**資料**〕に基づいて，当期の損益計算書において当期純利益の計算に算入される株式売却損益及び株式評価損益の合計として，正しい金額の番号を一つ選びなさい。

なお，当社は売買目的有価証券には洗替方式，その他有価証券には部分純資産直入法を採用している。税効果会計は無視する。

〔**資　料**〕（単位：千円）

銘　柄	保有目的	取得原価	前期末時価	当期購入額	当期売却価額	当期末時価
A株式	売買目的	900	1,100		1,200	
B株式	売買目的	400	300			700
C株式	子 会 社	3,100	4,900			5,200
D株式	関連会社	1,000	1,400		750	
E株式	関連会社	3,000	3,800			1,200
F株式	そ の 他	1,400	1,800		2,000	
G株式	そ の 他	1,200	1,000			800
H株式	そ の 他			1,600		1,900

（注）　1．A・D・Fの各株式は当期中に売却され，H株式は当期中に新規取得された。

　　　　2．E株式の時価は回復不能と判断される。

1．損失　1,550千円　　　　2．損失　1,150千円　　　　3．損失　1,050千円

4．損失　　950千円　　　　5．損失　　850千円　　　　6．利益　　650千円

問題 **5** 有価証券の期末評価②

　当期末（×3年3月31日）における有価証券の保有状況は〔資料Ⅰ〕のとおりである。〔資料Ⅰ〕及び〔資料Ⅱ〕から，翌期首（×3年4月1日）の有価証券の帳簿価額となる金額について，（A）流動資産に属するものの合計額と（B）固定資産に属するものの合計額はそれぞれいくらになるか，正しい金額の組合せを一つ選びなさい。

　なお，ここでの翌期首（×3年4月1日）の有価証券の帳簿価額とは，再振替仕訳後の金額を指すものとする。また，洗替方式と切放方式の双方の適用が認められている場合には，切放方式を採用し，その他有価証券については部分純資産直入法を採用する。

〔資料Ⅰ〕　当期末における有価証券の保有状況（単位：千円）

	帳簿価額	期末時点の市場価額	所有目的
A社株式	2,000	2,240	売買目的
B社株式	1,640	700	売買目的
C社社債	？	2,030	満期保有目的
D社株式	4,600	4,320	関連会社株式
E社株式	2,800	3,520	その他有価証券
F社株式	8,380	4,040	その他有価証券

〔資料Ⅱ〕　その他
1．近い将来，B社株式については市場価額が回復する見込があると期待されるが，F社株式については回復するかどうかは不明である。
2．C社社債（償還期限3年）は，×1年4月1日の発行と同時に，額面金額 2,000千円を 1,970千円で取得したものであり，額面金額と取得原価との差額の性格は金利の調整と認められることから，償却原価法（定額法）を採用している。

8

1. （A）2,940千円 　（B）13,430千円
2. （A）4,930千円 　（B）11,440千円
3. （A）5,630千円 　（B）13,430千円
4. （A）2,940千円 　（B）17,770千円
5. （A）4,930千円 　（B）15,780千円
6. （A）5,630千円 　（B）11,440千円

II 有価証券

有価証券の払出単価の計算

A社株式（売買目的有価証券）の売買等の状況は以下のとおりである。そこで，当期末（×3年3月31日）における時価が1株当たり 770円であった場合の有価証券運用損益（売却損益及び評価損益の合計）として，正しい金額の番号を一つ選びなさい。なお，当社は有価証券の払出単価の算定を移動平均法により行っている。

日　　付	摘　　　要	株数（株）	1株当たり価額
×2年4月1日	前期繰越	10,000	帳簿価額 800円
6月6日	買入	10,000	購入価額 880円
7月7日	株式分割（注1）	?	
8月8日	売却	5,000	売却価額 860円
9月9日	買入	1,000	購入価額 850円
10月10日	株主割当による 増資の引受（注2）	10,000	払込金額 640円
11月11日	売却	15,000	売却価額 790円

（注1）株式分割が行われ，1株が 1.2株に分割された。なお，株式分割時の時価は1株 870円であった。

（注2）株主割当による有償増資が行われ，これを引き受けた。なお，増資時の時価は1株 810円であった。

1. 運用損 1,530千円　　2. 運用益　170千円　　3. 運用益 1,950千円

4. 運用益 2,375千円　　5. 運用益 3,650千円　　6. 運用益 4,925千円

問題 7　外貨建有価証券

　次の〔資料〕に基づき，当期（×2年4月1日～×3年3月31日）の貸借対照表の固定資産に計上される有価証券として，正しい金額の番号を一つ選びなさい。

〔資　料〕

1．当社が期末現在保有する有価証券は以下のとおりである。

	持株数等	期末時価	所有目的
A社株式	10,000株	1株当たり34ドル	売買目的
B社社債	額面 800千ドル	時価総額 768千ドル	満期保有目的
C社株式	20,000株	1株当たり26ドル	関連会社株式
D社社債	額面 500千ドル	時価総額 495千ドル	その他有価証券

　(1) A社株式は×3年2月1日に1株当たり32ドルで取得したものである。

　(2) B社社債は×2年4月1日に 760千ドルで取得したものであり，償還期限は取得時から5年後である。取得価額と額面金額との差額はすべて金利調整額の性格を有するものと認められるため，償却原価法（ただし定額法）により処理する。

　(3) C社株式は×2年9月1日に1株当たり34ドルで取得したものである。

　(4) D社社債は×1年4月1日に 500千ドルで取得したものであり，償還期限は取得時から3年後である。

2．評価差額については，売買目的有価証券は洗替方式，その他有価証券は全部純資産直入法により処理する。なお，税効果会計は無視する。

3．為替相場

　　　×1年4月1日：1ドル＝ 107円　　　×2年3月31日：1ドル＝ 104円

　　　×2年4月1日：1ドル＝ 105円　　　×2年9月1日：1ドル＝ 109円

　　　×3年2月1日：1ドル＝ 106円　　　×3年3月31日：1ドル＝ 108円

　　　当期の期中平均相場：1ドル＝ 112円

1．154,816千円　　　　2．156,384千円　　　　3．157,064千円

4．193,784千円　　　　5．208,276千円　　　　6．210,524千円

商品の払出単価の計算

以下の〔資料〕に基づき，次のア～エの各方法を適用した場合に，売上総利益の金額を大きい順に並べると，大小関係はどうなるか。正しい順番の組合せの番号を一つ選びなさい。

ア．先入先出法　　イ．移動平均法　　ウ．総平均法　　エ．最終仕入原価法

〔資　料〕

日　付	摘　要	個　数	単　価
４月１日	前期繰越	200個	＠2,900円
５月１日	仕　入	800個	＠3,200円
７月１日	売　上	600個	＠5,600円
８月２日	仕　入	1,200個	＠3,000円
10月２日	売　上	1,000個	＠5,600円
12月３日	仕　入	400個	＠3,105円
翌２月３日	売　上	560個	＠5,600円

1. ア ＞ ウ ＞ エ ＞ イ
2. ア ＞ エ ＞ イ ＞ ウ
3. ア ＞ エ ＞ ウ ＞ イ
4. エ ＞ ア ＞ イ ＞ ウ
5. エ ＞ ア ＞ ウ ＞ イ
6. エ ＞ ウ ＞ ア ＞ イ

以下の〔**資料**〕に基づき，当期の売上原価として正しい金額の番号を一つ選びなさい。

〔**資　料**〕

	A　商　品	B　商　品
期首商品棚卸高	31,600千円	23,100千円
当期商品仕入高	378,000千円	253,000千円
期末商品棚卸高		
帳簿棚卸高	160個	255個
実地棚卸高	148個	206個
原　　価	@210千円	@110千円
正味売却価額	@196千円	@ 99千円

1．A商品の期末実地棚卸数量のうち，30個については損傷による品質低下があり，1個当たり原価より40千円の評価減を行うこととした。なお，棚卸減耗分についてはすべて原価性が認められる。

2．B商品の期末実地棚卸数量のうち，40個については棚ざらしによる品質低下があり，1個当たり原価より20千円の評価減を行うこととした。なお，棚卸減耗分についてはすべて原価性が認められない。

3．原価性のある棚卸減耗費は，売上原価の内訳科目として処理する。

1．610,662千円　　　2．616,052千円　　　3．626,570千円
4．629,528千円　　　5．632,048千円　　　6．637,438千円

売価還元法

　当社は，売価還元法を採用している。そこで，以下の〔資料〕に基づき，当期の損益計算書の営業利益として正しい金額の番号を一つ選びなさい。ただし，棚卸減耗費は販売費及び一般管理費として処理している。

〔資　料〕

	原　価	売　価
期 首 商 品 棚 卸 高	84,000千円	115,200千円
当 期 商 品 仕 入 高	420,000千円	532,800千円
値　　下　　額		96,000千円
値　　上　　額		84,000千円
値 下 取 消 額		6,000千円
値 上 取 消 額		12,000千円
期末商品帳簿棚卸高		126,000千円
期末商品実地棚卸高		114,000千円

（注）期末商品の正味売却価額は79,800千円である。

1. 79,800千円　　　　2. 89,400千円　　　　3. 91,200千円

4. 91,800千円　　　　5. 100,800千円　　　　6. 130,200千円

以下の〔**資料**〕に基づき，当期の売上総利益として正しい金額の番号を一つ選びなさい。

〔**資 料**〕

決算整理前残高試算表（一部）　（単位：千円）

B　　商　　品	78,400	A　　商　　品	231,600
		B 商 品 販 売 益	579,800

1．A商品
　(1) 記帳方法は総記法による。
　(2) 期末商品の帳簿棚卸高は@ 120千円× 300個であった。
　(3) 実地棚卸数量は 290個であった。
2．B商品
　(1) 記帳方法は分記法による。
　(2) 期末商品の帳簿棚卸高は@ 196千円× 400個であった。
　(3) 実地棚卸数量は 380個であった。
3．棚卸減耗費は売上原価の内訳科目として処理する。

1．770,280千円	2．771,480千円	3．842,280千円
4．843,480千円	5．846,200千円	6．847,400千円

特殊商品売買①

以下の〔資料〕に基づき，当期の売上総利益として正しい金額の番号を一つ選びなさい。

〔資料Ⅰ〕

決算整理前残高試算表（一部）　（単位：千円）

繰　越　商　品	24,000	一　　般　　売　　上	446,000
積　　送　　品	101,650	積　送　品　売　上	154,100
仕　　　　　入	320,350		

〔資料Ⅱ〕
1．委託販売の売価は一般売価の15％増である。なお，期中においては，委託先に商品を発送する都度，仕入勘定から積送品勘定へ当該商品の原価を振り替えているが，この他の処理は行っていない。
2．期末商品は23,230千円である。なお，減耗等はなかった。

1．162,400千円
2．168,028千円
3．182,500千円
4．188,128千円
5．278,980千円
6．284,608千円

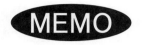

特殊商品
売買

IV

特殊商品売買②

次に示す〔資料〕に基づき，損益計算書における営業利益として正しい金額の番号を一つ選びなさい。なお，当会計期間は×9年3月31日を決算日とする1年である。

〔資料Ⅰ〕　決算整理前残高試算表の一部（単位：千円）

決算整理前残高試算表

繰 越 商 品	45,000	一 般 売 上	420,000
積 送 品	160,000	未 着 品	18,000
繰 延 積 送 諸 掛 費	1,600	積 送 品 売 上	240,000
仕 入	288,400		
積 送 諸 掛 費	16,800		

〔資料Ⅱ〕　商品販売に関する事項

1．一般販売

(1) 一般販売原価率は毎期異なるが，期中は一定である。

(2) 期末手許商品帳簿棚卸高は31,000千円である。なお，棚卸減耗等は生じていない。

2．未着品販売

(1) 期首未着品棚卸高は24,000千円であり，期末未着品棚卸高は21,000千円である。

(2) 未着品売価は一般売価の10％引である。

3．委託販売
(1) 三分法（期末一括法）により記帳しており，委託販売における指値売価は一般売価の20%増である。
(2) 当社は委託販売に係る収益認識基準として，販売基準を採用している。
(3) 発送諸掛は販売費として処理している。なお，期末未売却の積送品に係る発送諸掛は，積送品原価を基準として，総平均法により繰り延べている。
(4) 収益は受託者売上金額をもって計上している。なお，指値売価の5％を販売諸掛（手数料を含む）として支払う契約を受託者と結んでいる。
(5) 当期の積送高は120,000千円であった。
(6) 決算手続中の×9年4月2日に，受託者から以下の売上計算書が届いた。なお，下記の売上計算書に関する処理は期中において未処理である。

売 上 計 算 書	
×9年3月30日	
売 上 高	10,000千円
諸　　掛	500千円
手 取 金	9,500千円

1．217,100千円　　2．226,850千円　　3．234,840千円

4．238,100千円　　5．239,350千円　　6．244,100千円

仕訳問題

次のア～オの仕訳について，正しいものには○，誤っているものには×を付すとき，正しい組合せの番号を一つ選びなさい。

ア．×1年4月1日に取得し使用している機械（取得原価：55,000千円，残存価額：取得原価の10%，耐用年数：10年，償却方法：級数法）について，当期（×5年4月1日～×6年3月31日）の期首に革新的な新機械が出現したために，現在使用中の機械について耐用年数の見直しを行った結果，翌期首からの残存耐用年数を3年とした。なお，残存価額に変更はない。

（借）機械減価償却費　7,560千円　　（貸）機械減価償却累計額　7,560千円

イ．本社が老朽化してきたので，期首に耐震検査を実施し，800千円を支出した。建物の減価償却方法は定率法（耐用年数：50年，償却率：0.045）を採用している。

（借）建　　　　物　　800千円　　（貸）現　金　預　金　　800千円
（借）建物減価償却費　　36千円　　（貸）建物減価償却累計額　　36千円

ウ．倉庫用として手当しておいた土地（簿価10,000千円，時価60,000千円）を，取引先Bに対する買掛金の一部に充当することを打診したところ，取引先Bから了承を得た。

（借）買　　掛　　金　60,000千円　　（貸）土　　　　　地　　10,000千円
　　　　　　　　　　　　　　　　　　　　　土　地　売　却　益　50,000千円

エ．支店の建設用地を求めていたところ，当社が保有する土地（簿価100,000千円，時価180,000千円）と，A社が保有する土地（簿価110,000千円，時価180,000千円）とを交換する形で取得した。

（借）土　　　　　地　110,000千円　　（貸）土　　　　　地　100,000千円
　　　　　　　　　　　　　　　　　　　　　土 地 交 換 差 益　10,000千円

オ．以下の機械を１つの償却単位として，定額法（残存価額は，取得原価の10
　％）により総合償却を行っている。

　　　　機械Ａ　取得原価 200千円　耐用年数４年
　　　　機械Ｂ　取得原価 400千円　耐用年数５年
　　　　機械Ｃ　取得原価 300千円　耐用年数６年
　（借）機 械 減 価 償 却 費　　　　　162千円　　（貸）機械減価償却累計額　　　　162千円

1.　ア　×　　イ　×　　ウ　×　　エ　×　　オ　○
2.　ア　×　　イ　○　　ウ　×　　エ　○　　オ　×
3.　ア　○　　イ　×　　ウ　○　　エ　×　　オ　○
4.　ア　×　　イ　×　　ウ　○　　エ　○　　オ　×
5.　ア　○　　イ　×　　ウ　×　　エ　×　　オ　○
6.　ア　○　　イ　○　　ウ　×　　エ　×　　オ　○

資本的支出・直接法

以下の〔資料〕に基づき，当期（×1年4月1日～×2年3×31日）の減価償却費として，正しい金額の番号を一つ選びなさい。

〔資料Ⅰ〕

決算整理前残高試算表（一部）　　（単位：千円）

建		物	800,000	建物減価償却累計額	540,000
車		両	15,000	備品減価償却累計額	37,000
備		品	64,000		
修	繕	費	120,000		

〔資料Ⅱ〕

1．各有形固定資産の減価償却等に関するデータは次のとおりである。なお，残存価額は取得原価の10%である。

	取 得 原 価	耐用年数	当期首まで の経過年数	償却方法	償却率	記帳方法
建 物	800,000千円	20年	15年	定額法	?	間接法
車 両	?　千円	6年	3年	級数法	?	直接法
備 品	64,000千円	8年	3年	定率法	年0.250	間接法

2．建物について，期首に大規模な改修を行い，120,000千円を小切手を振り出して支払っている。なお，支払額は全額を修繕費として処理している。改修の結果，耐用年数が10年延長し，これに対応する部分を資本的支出とする。資本的支出部分についてもその10%を残存価額とする。

3．備品の償却方法については，当期首において定額法に変更することにした。

1．22,120千円	2．23,920千円	3．26,320千円
4．26,920千円	5．27,060千円	6．27,600千円

圧縮記帳・買換

以下の〔**資料**〕に基づき，当期（×5年4月1日～×6年3×31日）の減価償却費として，正しい金額の番号を一つ選びなさい。

〔**資　料**〕

1．機　械

　　×4年4月1日に公害防止のための機械を設置し，40,000,000円の支出を行った。この機械に対しては，10,000,000円の国庫補助金が支給されており，国庫補助金支給額を直接減額方式により圧縮記帳を行っている。なお，当該機械は定額法（耐用年数10年，残存価額は取得原価の10%）により減価償却を行っている。

2．備　品

(1) ×5年11月30日に備品（取得日×2年4月1日，取得原価 8,000,000円，残存価額は取得原価の10%，耐用年数8年，定率法，償却率年0.25）を，3,600,000円で下取りに出して，新しい備品11,400,000円を購入し，差額は現金で支払った。下取りに出した備品の時価は下取り時の帳簿価額よりも 187,500円高かった。なお，下取価額と時価との差額は値引として処理する。

(2) 新しい備品は×5年12月1日から使用している。新しい備品についても，残存価額は取得原価の10%，耐用年数8年，定率法により減価償却を行う。下取りに出した備品は当期首から下取り時点まで，新しい備品は使用開始時から当期末までの減価償却を月割りで計上する。

1．3,912,500円　　　2．4,162,500円　　　3．4,196,875円

4．4,212,500円　　　5．5,062,500円　　　6．5,112,500円

以下の〔資料〕に基づき，当期（×2年1月1日～×2年12月31日）の減価償却費と支払利息の合計として，正しい金額の番号を一つ選びなさい。なお，計算過程で端数が生じる場合には，円未満を四捨五入すること。

〔資　料〕

当社は×1年7月1日に以下の条件により，社内で使用する備品のリース契約を結び，即日使用を開始した。

1．リース契約に関するデータ
① リース期間：契約日より5年
② 支払リース料：年 924,000円
③ リース料支払日：毎年6月30日
④ リース物件のリース契約日における

借手の見積現金購入価額： 4,000,000円
⑤ リース料総額の借手の追加借入利子率による

割引現在価値： 4,045,000円
⑥ 当該リース契約はファイナンス・リース取引である。なお，リース期間終了後の所有権に関しては，無条件に移転するものとは認められない。

2．リース料総額の割引現在価値が借手の見積現金購入価額 4,000,000円となる割引率は年5％である。

3．借手の追加借入利子率は年 4.6％である。

4．当該リース物件に関する減価償却は定額法による。

5．決算日における利息の見越及び減価償却の計算については月割で処理する。

1． 901,900円 　　　2． 978,098円 　　　3． 981,900円

4． 995,070円 　　　5． 1,000,000円 　　　6． 1,081,900円

次に示す〔**資料**〕に基づき，当期の損益計算書に計上される費用と貸借対照表に計上される固定負債の合計として正しい金額の番号を一つ選びなさい。なお，当期は×4年3月31日を決算日とする1年である。

〔**資料Ⅰ**〕　ファイナンス・リース取引に関する事項
1．当社の備品はリース物件であり，リース開始日は×2年4月1日である。
　　なお，リース期間は5年であり，リース期間中は解約不能である。
2．リース料は年額23,190千円であり，毎年4月1日に支払っている。
3．リース資産の計上額は 100,000千円，計算利子率は年8％である。
4．所有権移転条項はなく，備品はリース契約期間経過後に貸手に返却される。
5．リース料に含まれる利息相当額の計算は利息法による。

〔**資料Ⅱ**〕　解答上の留意事項
1．計算上生じる千円未満の端数は，百円の位をその都度四捨五入すること。
2．リース資産の減価償却は定額法により行う。なお，自己所有の備品については，耐用年数8年，残存価額10％として減価償却を行っている。

1．	66,137千円	2．	84,546千円	3．	77,472千円
4．	57,387千円	5．	67,501千円	5．	61,356千円

以下の〔資料〕に基づき，当期（×1年4月1日～×2年3月31日）のソフトウェア減価償却費として，正しい金額の番号を一つ選びなさい。なお，計算過程で端数が生じる場合には，千円未満を四捨五入すること。

〔資　料〕

1．当期におけるソフトウェア関連費用

　　下記費用のうち，両ソフトウェアとも人件費の60%，機械減価償却費の40%，その他経費の40%は研究開発のためのものである。それ以外は，すべて製品マスターの制作費である（単位：千円）。

	ソフトウェアA	ソフトウェアB
人　件　費	125,000	101,250
機械減価償却費	20,000	40,000
そ の 他 経 費	55,000	80,000

2．ソフトウェアAについては，昨年度から制作中であった。ソフトウェアAに関する昨年度の費用は次のとおりであった。

　　研究開発に要した費用：80,000千円，製品マスターの制作費：45,000千円

3．両ソフトウェアはともに当期に完成し，販売を開始した。なお，無形固定資産に計上したソフトウェアの取得原価は原則として，見込販売数量に基づき償却する。

4．各ソフトウェアの見込販売数量は以下のとおりである（単位：個）。

	ソフトウェアA	ソフトウェアB
×1年度実際販売数量	35,000	10,000
×2年度見込販売数量	20,000	15,000
×3年度見込販売数量	15,000	25,000

1．111,250千円　　　2．107,500千円　　　3．96,750千円

4．92,500千円　　　5．84,167千円　　　6．69,167千円

問題 **20** のれん・繰延資産

次に示す〔**資料**〕に基づき，下記（Ａ）及び（Ｂ）の金額はそれぞれいくらになるか，正しい組合せの番号を一つ選びなさい。なお，当社設立日は×１年４月１日であり，当期は第３期（×３年４月１日から×４年３月31日）である。

〔**資料Ⅰ**〕　決算整理前残高試算表（単位：千円）

決算整理前残高試算表

の　　れ　　ん	112,500	
借　地　権	48,000	
創　立　費	45,000	
開　発　費	140,000	
自　己　株　式	150,000	

〔**資料Ⅱ**〕　期中未処理事項及び決算整理事項

１．×４年３月４日に，保有する自己株式 150,000千円を 155,000千円で募集株式の発行手続きにより処分し，付随費用 6,300千円を支払ったが未処理である。なお，当該自己株式の処分に係る費用は繰延資産に計上する。

２．のれんは，×２年１月12日にＷ社よりＡ事業を営業譲受した際に計上したものである。

３．開発費は，×２年12月９日に市場開拓のために支出したものである。

４．無形固定資産，繰延資産として計上したものは最長償却期間にわたり定額法で償却する。

（Ａ）　貸借対照表に計上される無形固定資産の合計金額
（Ｂ）　貸借対照表に計上される繰延資産の合計金額

1. （Ａ）　154,500千円　　（Ｂ）　146,125千円
2. （Ａ）　154,500千円　　（Ｂ）　139,200千円
3. （Ａ）　154,250千円　　（Ｂ）　146,195千円
4. （Ａ）　154,250千円　　（Ｂ）　139,200千円
5. （Ａ）　154,875千円　　（Ｂ）　152,200千円
6. （Ａ）　154,875千円　　（Ｂ）　146,195千円

次の各債権について，×４年度末（×５年３月31日）における貸倒見積額を計算した場合，貸借対照表に計上される貸倒引当金の合計として，正しい金額の番号を一つ選びなさい。

1．債権A

　　債権Aは経営状態に重大な問題は生じていない営業債権である。債権Aの回収期間は１年未満であり，過去３年間の貸倒実績率（債権の期末残高に対する翌期１年間における貸倒実績額の割合）の平均値に基づいて貸倒見積高を計算する。債権Aの期末残高と貸倒実績額の推移は次のとおりである（単位：円）。

	×１年度	×２年度	×３年度	×４年度
期　末　残　高	4,000,000	3,600,000	4,300,000	3,972,000
前期末残高の貸倒実績額	—	144,000	61,200	197,800

2．債権B

　　債権Bは経営破綻の状態には至ってないが，債務の弁済に重大な問題が生じる可能性が高いB社に対する営業債権である。債権Bについては，×４年度末において，B社の財政状態及び経営成績を考慮に入れると，債権額から担保の処分見込額及び保証による回収見込額を控除した残額の50%が貸倒れになると予想される。なお，担保の処分見込額は 1,268,000円及び保証による回収見込額は 1,470,000円であり，このうち保証による回収見込額は債権Bの金額の49%に相当する金額である。

3．債権C

　　債権CはC社に対する営業債権 1,300,000円であるが，C社は深刻な経営難の状態にあり，再建の見通しがなく，実質的に経営破綻の状態に陥っている。なお，×４年度末において，債権額のうち65%は担保の処分により，25%は保証によって回収が見込まれている。

4．債権D

　　債権Dは，経営破綻の状態には至ってないが，債務の弁済に重大な問題が生じているD社に対する営業外債権（貸付金）1,420,000円である。債権Dは，×2年4月1日に一定の条件（返済期日×7年3月31日，利率年6％，利払は毎年3月末，元金は返済期日に一括返済）で貸し付けたものであるが，×4年度末（利払後）にD社から融資条件の緩和の要請があったため，これを受け入れて，残りの融資期間について利率を年6％から年1％へ変更することとした。

1.　　522,247円　　　　2.　　581,860円　　　　3.　　653,247円

4. 1,432,076円　　　　5. 1,562,247円　　　　6. 1,891,247円

次のア～ウの仕訳について，正しいものには○，誤っているものには×を付すとき，正しい組合せの番号を一つ選びなさい。

ア．前期末（×7年3月末日）に，労働協約に基づいて従業員に支払う×7年6月末賞与予定額12,000千円の3分の2相当額を賞与引当金として設定していた。当期の×7年6月末に予定どおり従業員に賞与が支払われたので，以下の仕訳を行った。
（借）賞 与 引 当 金　8,000千円　（貸）現 金 預 金　12,000千円
　　　賞与引当金繰入額　4,000千円

イ．次期の6月下旬に行われる予定の株主総会において，役員賞与43,000千円の支給を決議する予定であるため，当期決算において以下の仕訳を行った。
（借）役員賞与引当金繰入額　43,000千円　（貸）役員賞与引当金　43,000千円

ウ．毎年定期的に実施する予定の機械に対する修繕に備えて修繕引当金20,000千円を設定した。
（借）修繕引当金繰入額　20,000千円　（貸）修 繕 引 当 金　20,000千円

1．ア　×　　イ　○　　ウ　○
2．ア　×　　イ　×　　ウ　○
3．ア　×　　イ　×　　ウ　×
4．ア　○　　イ　○　　ウ　○
5．ア　○　　イ　○　　ウ　×
6．ア　○　　イ　×　　ウ　×

退職給付会計

次の〔**資料Ⅰ**〕～〔**資料Ⅲ**〕に基づき，当期の貸借対照表における退職給付引当金として正しい金額の番号を一つ選びなさい。なお，当期は×5年3月31日を決算日とする1年である。

〔**資料Ⅰ**〕　退職給付債務に関する事項（単位：千円）

		×3年度	×4年度
①	退職給付債務	△ 685,500	△ 698,445
②	年金資産	537,000	561,000
③	未積立退職給付債務	△ 148,500	△ 137,445
④	未認識過去勤務費用	13,500	?
⑤	未認識数理計算上の差異	△ 9,000	?
⑥	退職給付引当金	△ 144,000	?

〔**資料Ⅱ**〕　退職給付債務等の計算の基礎に関する事項

① 退職給付見込額の期間配分の方法　　期間定額基準
② 割引率　　　　　　　　　　　　　　3％
③ 長期期待運用収益率　　　　　　　　4％
④ 過去勤務費用の処理年数　　　　　　10年（定額法）
⑤ 数理計算上の差異の処理年数　　　　10年（定額法）

（注1）×3年度における未認識過去勤務費用は，すべて×3年度期首の退職給付水準の引き上げによるものである。

（注2）×3年度における未認識数理計算上の差異はすべて×3年度に発生したものである。

（注3）発生年度の翌年からの費用処理が認められている差異については，発生年度の翌年から費用処理する。

〔**資料Ⅲ**〕　その他の事項
　①　当期の勤務費用は10,500千円であった。
　②　年金基金への拠出17,500千円を行った。
　③　年金基金からの退職年金の給付が15,000千円あった。
　④　予測されていた退職一時金 5,000千円を支払った。

1. 131,435千円　　　　　2. 131,535千円　　　　　3. 131,685千円

4. 133,545千円　　　　　5. 139,485千円　　　　　6. 143,310千円

以下の〔資料〕に基づき，当期（×6年4月1日～×7年3月31日）における損益に与える影響額として正しい金額の番号を一つ選びなさい。

〔資　料〕

1. 当社は，×3年4月1日に社債額面 100,000,000円を一口 1,000円につき950円で発行した。当該社債は償還期間5年，利率年4％，利払日3月末の条件である。
2. ×6年8月24日に社債額面30,000,000円を一口 1,000円につき 990円（裸相場）で買入償還し，代金は端数利息とともに小切手を振り出して支払った。
3. 利息は順調に支払われている。
4. 社債については償却原価法（定額法）を適用している。

1.　1,305,000円　　　　2.　1,480,000円　　　　3.　3,455,000円

4.　3,800,000円　　　　5.　4,105,000円　　　　6.　4,280,000円

MEMO

株主資本等変動計算書

以下の〔資料〕に基づき，〔資料Ⅰ〕における①～③の合計として正しい金額の番号を一つ選びなさい。なお，当期は×3年3月31日を決算日とする1年である。

〔**資料Ⅰ**〕　株主資本等変動計算書の一部（単位：千円）

	資本金	資 本 剰 余 金			利 益 剰 余 金		
		資 本準備金	その他資 本剰余金	資 本剰余金合 計	利 益準備金	繰越利益剰余金	利 益剰余金合 計
当期首残高	500,000	65,000	70,000	135,000	55,500	88,700	144,200
当期変動額							
資本金組入							
剰余金の配当					①		
剰余金への振替							
当期純利益							
当期変動額合計							
当期末残高		②				③	

〔**資料Ⅱ**〕 期中取引等

1．×2年6月25日の株主総会において以下の事項が決議された。

その他資本剰余金からの配当：20,000千円　資本準備金の積立：　?　千円

繰越利益剰余金からの配当：30,000千円　利益準備金の積立：　?　千円

（注）資本準備金及び利益準備金の積立額は配当に係るものである。

2．×2年12月9日の株主総会において以下の事項が決議された。

資本準備金の資本金組入：　5,000千円

資本準備金の剰余金への振替：　7,000千円

利益準備金の剰余金への振替：　8,000千円

3．上記決議事項に係る法的手続きは，当期中に全て完了している。

4．当期純利益は35,000千円である。

1．156,500千円　　　2．156,700千円　　　3．159,200千円

4．159,700千円　　　5．161,500千円　　　6．162,000千円

問題 26　分配可能額

　次に示す〔**資料**〕に基づき，×7年12月31日における分配可能額として正しい金額の番号を一つ選びなさい。なお，当期は×8年3月31日を決算日とする1年である。また，当社は×7年度において臨時計算書類を作成していない。

〔**資料Ⅰ**〕　前期末貸借対照表における純資産の部の各項目

資　本　金	300,000千円	資 本 準 備 金	36,000千円
その他資本剰余金	6,100千円	利 益 準 備 金	12,900千円
任 意 積 立 金	82,700千円	繰 越 利 益 剰 余 金	25,200千円
自 己 株 式	4,500千円	その他有価証券評価差額金	△3,000千円

〔**資料Ⅱ**〕　×7年12月31日までに行われた取引の一部

1．株主総会において，任意積立金 8,100千円を取り崩した。

2．株主総会において，繰越利益剰余金からの配当 7,000千円が決議され，それに伴い，利益準備金 700千円を積み立てた。

3．株主総会において，資本準備金 9,000千円の剰余金への振替が決議され，効力が生じた。

4．自己株式 2,800千円を取得した。

5．自己株式 3,000千円を処分した。その際に自己株式処分差益 1,400千円が生じた。

1．105,000千円	2．108,000千円	3．109,300千円
4．109,400千円	5．112,400千円	6．116,700千円

次のア～オの仕訳について，正しいものには○，誤っているものには×を付すとき，正しい組合せの番号を一つ選びなさい。なお，当期は×10年3月31日を決算日とする1年である。

ア．定時株主総会において，総額20,000千円の剰余金の配当を行うことになり，その配当原資のうち，80%は繰越利益剰余金の処分により，残りの20%はその他資本剰余金の処分によるものとした。剰余金の配当を行う直前の当社の資本金は 1,000,000千円，資本準備金は 200,000千円，その他資本剰余金は 50,000千円，利益準備金は48,600千円，繰越利益剰余金は 800,000千円である。

（借）その他資本剰余金　4,400千円　　（貸）未 払 配 当 金　20,000千円
　　　繰 越 利 益 剰 余 金　17,600千円　　　　　資 本 準 備 金　　　400千円
　　　　　　　　　　　　　　　　　　　　　　　　利 益 準 備 金　　1,600千円

イ．以前に取得していた自己株式 500株（1株当たりの取得価額70千円，取得に要した付随費用 500千円）を募集株式の発行等の手続により1株につき66千円の価額で処分し，手取金は当座預金とした。

（借）当 座 預 金　33,000千円　　（貸）自 己 株 式　35,500千円
　　　その他資本剰余金　　2,500千円

ウ．定時株主総会において役員賞与 5,000千円の支払が承認された。

（借）繰越利益剰余金　　5,000千円　　（貸）未 払 役 員 賞 与　　5,000千円

エ．新株予約権（払込価額 100,000千円，権利行使価額 600,000千円）のうち，その60%について権利行使されたので，新株 4,500株及び自己株式 500株（1株当たりの帳簿価額88千円）を交付し，権利行使に伴う払込金は当座預金とした。なお，資本金組入額は会社法規定の最低限度額とする。

（借）当 座 預 金　360,000千円　　（貸）資 　 本 　 金　189,000千円
　　　新 株 予 約 権　60,000千円　　　　　資 本 準 備 金　189,000千円
　　　その他資本剰余金　　2,000千円　　　　　自 己 株 式　44,000千円

オ．ＬＬ社からその他資本剰余金を原資とする配当20,000千円を受け取り，当座預金とした。なお，当社はＬＬ社株式をその他有価証券に区分している。

（借）当　座　預　金　20,000千円　　（貸）投資有価証券　20,000千円

1. ア　○　　イ　×　　ウ　×　　エ　×　　オ　○
2. ア　○　　イ　○　　ウ　×　　エ　○　　オ　×
3. ア　×　　イ　×　　ウ　×　　エ　○　　オ　○
4. ア　×　　イ　×　　ウ　×　　エ　×　　オ　○
5. ア　×　　イ　○　　ウ　○　　エ　○　　オ　×
6. ア　○　　イ　○　　ウ　○　　エ　×　　オ　×

次の〔資料〕に基づき，自己株式の処分による自己株式処分差額として正しい金額の番号を一つ選びなさい。なお，当社の決算日は３月31日である。

〔資　料〕

1．×１年４月１日に，新株予約権付社債（額面総額 300,000千円， 3,000口）を以下の条件で発行した。

　(1) 発行価額は額面である。ただし，下記(2)の条件で普通社債を発行する場合，額面 100円に対して発行価額は90円となる。

　(2) 償還期間５年間，利率年２％，利払いは９月末日と３月末の年２回

　(3) 権利行使に際して社債による払込の請求があったものとみなす旨を決議しており，区分法による会計処理を行うものとする。ただし，社債券１口につき１個の新株予約権を付し，新株予約権１個につき１株の株式を交付するものとする。

2．×３年３月31日に，新株予約権付社債のうち40％について権利行使があり，社債による払込を受け，保有する自己株式を処分した。なお，自己株式の帳簿価額は１株当たり80千円であった。

3．社債については償却原価法（定額法）を採用している。

1．差益 36,000千円
2．差益 28,800千円
3．差益 26,400千円
4．差益 24,000千円
5．差益 16,800千円
6．差益　4,800千円

問題 29　外貨建取引①

次の〔資料〕に基づき，借入金に係る為替差損益として正しい金額の番号を一つ選びなさい。なお，当期は×3年3月31日を決算日とする1年である。

〔資　料〕

1．借入金期末残高は，×2年10月1日に次の条件で借り入れた 400,000ドルの借入金である。

　　　返済期日：×4年7月31日

　　　金　　利：年利率4％（利息は月割計算とし，毎年7月末日に支払う）

　　　借入日の為替相場：1ドル＝ 122円

2．借入金の元金返済資金について，×2年12月1日に次の為替予約を行った。

　　　為替予約日の直物為替相場：1ドル＝ 120円

　　　予約日現在の×4年7月31日の先物為替相場：1ドル＝ 119円

　　　決算日の為替相場：1ドル＝ 123円

3．為替予約については振当処理を行っている。また，予約差額の期間配分は月割計算で行っている。

1．1,200,000円	2．872,727円	3．880,000円
4．　800,000円	5．240,000円	6．400,000円

 問題 **30** 外貨建取引②

以下の〔**資料**〕に基づき，当期（×１年４月１日～×２年３月31日）の経常利益として正しい金額の番号を一つ選びなさい。

〔**資料Ⅰ**〕　決算整理前残高試算表

決算整理前残高試算表（一部）　（単位：千円）

売　　掛　　金	224,000	買　　掛　　金	300,000
繰　越　商　品	70,000	前　受　収　益	（　　　　）
仕　　　　　入	820,000	売　　　　　上	1,435,000
為　替　差　損　益	3,500		

〔**資料Ⅱ**〕　未処理事項

以下の取引が未処理であった。

1．米国の仕入先Ａ社からの商品 350千ドルの輸入に先立ち，手付金50千ドルを送金した。なお，取引時の為替相場は１ドル＝ 102円であった。

2．米国の仕入先Ａ社から商品 350千ドルを仕入れ，50千ドルは手付金と相殺し，残額 300千ドルは掛とした。なお，取引時の為替相場は１ドル＝ 104円であった。

3．米国の仕入先Ａ社に対する買掛金 300千ドルを支払った。なお，取引時の為替相場は１ドル＝ 100円であった。

〔資料Ⅲ〕　決算整理事項

1．期末商品棚卸高は以下のとおりである。

　（1）国内の仕入先から仕入れた商品が25,000千円あった。

　（2）米国の仕入先Ａ社からの商品が 250千ドルあった。なお，取引時の為替相場は１ドル＝ 102円であった。

2．買掛金のうち，ドル建てのものは以下のとおりである。

発　生　日	金　額	発生時為替相場	決　済　日	備　考
×２年２月２日	150千ドル	１ドル＝ 105円	×２年６月30日	（注）
×２年３月15日	260千ドル	１ドル＝ 108円	×２年６月30日	―

　（注）×２年３月１日（直物為替相場１ドル＝ 104円）に為替予約（先物為替相場１ドル＝ 102円）を付している。

〔資料Ⅳ〕　その他

1．当期末の為替相場は１ドル＝ 109円であった。

2．為替予約については振当処理を行っている。また，予約差額の期間配分は月割計算で行っている。

1．556,975千円	2．556,940千円	3．559,200千円
4．556,715千円	5．560,215千円	6．561,685千円

次の〔**資料**〕に基づき，全社単位の財務諸表を作成する場合の当期純利益として正しい金額の番号を一つ選びなさい。当社は米国に設置した支店を独立とした会計単位と位置づけ，現地通貨により会計帳簿を作成している。

〔**資料Ⅰ**〕

本店決算整理後残高試算表 　　（単位：千円）

現 金	13,170	買 掛 金	3,200
売 掛 金	6,600	借 入 金	1,400
繰 越 商 品	2,200	資 本 金	7,000
支 店	4,430	利 益 剰 余 金	1,600
仕 入	43,600	売 上	49,600
諸 費 用	2,600	支 店 売 上	9,800
	72,600		72,600

支店決算整理後残高試算表 　　（単位：千ドル）

現 金	30	本 店	48
売 掛 金	44	売 上	154
繰 越 商 品	6		
備 品	6		
本 店 仕 入	100		
備品減価償却費	1		
諸 費 用	15		
	202		202

〔資料Ⅱ〕

1. 本店は商品の取得原価に20%の利益を付加して支店に振り替えており，支店売上勘定に記録している。

2. 支店の期末商品はすべて本店から仕入れたものである。期末商品の取得時における為替相場は1ドル＝96円であった。なお，支店において期首商品はなかった。また，支店は本店以外から商品を仕入れていない。

3. 備品の取得時の為替相場は1ドル＝91円であった。

4. 支店の売上及び諸費用は，期中平均為替相場により換算する。

5. 前期末の為替相場は1ドル＝90円，期中平均為替相場は1ドル＝94円，当期末の為替相場は1ドル＝95円である。

1. 16,676千円	2. 16,826千円	3. 16,922千円
4. 16,821千円	5. 16,855千円	6. 16,884千円

問題 **32**　在外子会社の換算

　S社は，×1年4月1日に当社の 100%出資により設立された在外子会社であ
り，現在第3期（×3年4月1日～×4年3月31日）の期末を迎えるに至ってい
る。以下の〔資料〕に基づき，S社財務諸表の円換算後の為替換算調整勘定とし
て正しい金額の番号を一つ選びなさい。

〔資料Ⅰ〕　設立時から第2期末までのS社の純資産の部の推移は，次のとおり
　　　　　　である（単位：千ドル）。

	×1年4月1日	×2年3月31日	×3年3月31日
資　本　金	20,000	20,000	20,000
利益剰余金	0	1,000	2,800

〔資料Ⅱ〕　当期末のS社の貸借対照表は，次のとおりである。

貸　借　対　照　表　　　（単位：千ドル）

現　金　預　金	2,000	買　　掛　　金	8,800
売　　掛　　金	7,000	短　期　借　入　金	8,200
商　　　　　品	4,800	資　　本　　金	20,000
固　定　資　産	31,000	利　益　剰　余　金	7,800
	44,800		44,800

〔資料Ⅲ〕　当期におけるS社の利益剰余金の増減を，株主資本等変動計算書の
　　　　　　様式で示すと，次のとおりである。

株主資本等変動計算書　　　（単位：千ドル）

剰　余　金　の　配　当	1,000	利益剰余金当期首残高	2,800
利益剰余金当期末残高	7,800	当　期　純　利　益	6,000
	8,800		8,800

〔資料Ⅳ〕

1．費用及び収益の換算は，期中平均相場によっている。

2．S社の剰余金の配当は，当期中に行われたものが初めてである。

〔資料Ⅴ〕

1．×1年4月1日の為替相場　1ドル＝125円

2．各期の為替相場

	期中平均為替相場	決算時の為替相場
第1期	1ドル＝124円	1ドル＝122円
第2期	1ドル＝118円	1ドル＝115円
第3期	1ドル＝113円	1ドル＝109円

3．剰余金の配当確定時の為替相場　1ドル＝110円

1.△339,800千円	2.△371,200千円	3.△377,200千円
4.△374,200千円	5.△368,200千円	6.△342,800千円

次の〔**資料Ⅰ**〕～〔**資料Ⅲ**〕に基づき，（A）二重仕訳控除金額と（B）総勘定元帳の借方に合計転記される金額の組合せとして正しい金額の番号を一つ選びなさい。

〔**資料Ⅰ**〕 解答上の留意事項
 1．当社は大陸式締切法を採用しており，普通仕訳帳の他に〔**資料Ⅲ**〕に示す特殊仕訳帳を用いている。
 2．一部当座取引については特殊仕訳帳に記帳するとともに，取引の全貌仕訳を普通仕訳帳に記帳している。
 3．仕入戻しについてはそれぞれ売上帳及び仕入帳に朱記している。

〔**資料Ⅱ**〕 普通仕訳帳の記載内容
  （借方）当 座 預 金　19,960千円　（貸方）受 取 手 形　20,000千円
      手形売却損　　　40千円

〔**資料Ⅲ**〕 特殊仕訳帳の記載内容
 1．当座預金出納帳
  （借方）特別欄：売　　　上　16,000千円
         売 掛 金　30,000千円
      諸口欄：受取手形　19,960千円
  （貸方）特別欄：仕　　　入　 9,000千円
         買 掛 金　18,000千円
      諸口欄：営 業 費　22,000千円

2．売上帳

　　　　　特別欄：当座預金　16,000千円

　　　　　　　　　売　掛　金　70,000千円

　　　　　諸口欄：受取手形　10,000千円

3．仕入帳

　　　　　特別欄：当座預金　　9,000千円

　　　　　　　　　買　掛　金　58,000千円

　　　　　諸口欄：支払手形　　8,000千円

4．受取手形記入帳

　　　　　特別欄：売　掛　金　25,000千円

　　　　　諸口欄：売　　上　10,000千円

5．支払手形記入帳

　　　　　特別欄：買　掛　金　20,000千円

　　　　　諸口欄：仕　　入　　8,000千円

1．（A）　62,960千円　　　（B）291,960千円

2．（A）　43,000千円　　　（B）303,920千円

3．（A）　62,960千円　　　（B）303,920千円

4．（A）　43,000千円　　　（B）283,960千円

5．（A）　62,960千円　　　（B）283,960千円

6．（A）　43,000千円　　　（B）291,960千円

XI 帳簿組織

次のア～オの記述について，正しいものには○，誤っているものには×を付すとき，正しい組合せの番号を一つ選びなさい。

ア．補助簿として現金出納帳，売上帳，仕入帳を作成している場合には，現金出納帳の現金売上高は売上帳の現金売上高と，現金出納帳の現金仕入高は仕入帳の現金仕入高と，それぞれ一致する。

イ．得意先元帳における各人名勘定の残高を合計すれば総勘定元帳における売掛金勘定の残高と一致するが，仕入先元帳における各人名勘定の残高を合計しても総勘定元帳における買掛金勘定の残高とは一致しない場合がある。

ウ．特殊仕訳帳である売上帳と特殊仕訳帳である受取手形記入帳の双方に記入される取引は，両帳簿に仕訳記入される。この場合，元帳欄にチェック・マークを付し，その後に売上帳からは売上勘定に，また，受取手形記入帳からは受取手形勘定に合計転記する。

エ．普通仕訳帳と特殊仕訳帳である当座預金出納帳の双方に記入される取引は，取引を分解して記入する方法が考えられる。この場合，当座預金出納帳及び普通仕訳帳の元丁欄には，後に合計転記を行うためにチェック・マークを付す。

オ．特殊仕訳帳である仕入帳と特殊仕訳帳である当座預金出納帳の双方に記入される取引は，精算勘定である当座仕入勘定を設けて記入する方法が考えられる。この場合，仕入帳からは仕入勘定に，また，当座預金出納帳からは当座預金勘定に合計転記される。

1. ア ○　イ ×　ウ ○　エ ×　オ ○
2. ア ○　イ ×　ウ ○　エ ○　オ ○
3. ア ○　イ ×　ウ ×　エ ○　オ ×
4. ア ×　イ ○　ウ ×　エ ×　オ ×
5. ア ×　イ ○　ウ ○　エ ×　オ ○
6. ア ×　イ ○　ウ ×　エ ○　オ ×

XI
帳
簿
組
織

本支店会計①

次に示す〔**資料**〕に基づき，外部公表用本支店合併損益計算書の当期純利益として正しい金額の番号を一つ選びなさい。

〔**資料Ⅰ**〕　決算整理前残高試算表（単位：千円）

残　高　試　算　表

借　方	本　店	支　店	貸　方	本　店	支　店
現 金 預 金	28,600	39,400	買　掛　金	109,400	—
売　掛　金	72,000	104,000	貸倒引当金	500	1,300
繰 越 商 品	36,000	33,000	繰延内部利益	3,000	—
建　　　物	500,000	600,000	減価償却累計額	321,000	34,000
土　　　地	164,000	236,000	本　　　店	—	949,240
支　　　店	937,900	—	資　本　金	1,000,000	
仕　　　入	600,000	—	繰越利益剰余金	260,000	
本 店 仕 入	—	245,740	売　　　上	440,000	308,000
営　業　費	44,000	34,400	支 店 売 上	248,600	
合　　計	2,382,500	1,292,540	合　　計	2,382,500	1,292,540

〔**資料Ⅱ**〕　本支店間の商品取引に関する事項
1．本店は外部より仕入れた商品を外部に販売するとともに，支店に対して仕入原価の10%増の振替価額で商品を送付している。
2．支店は本店のみから商品を仕入れ，これを外部に販売している。

〔**資料Ⅲ**〕 決算整理事項等

1. 前期末における未達取引

本店は支店へ商品 6,600千円（振替価額）を送付したが，その通知が支店に未達であった。

2. 当期末における未達取引

(1) 本店は支店へ商品 2,860千円（振替価額）を送付したが，その通知が支店に未達であった。

(2) 本店は支店の売掛金20,000千円を回収したが，その通知が支店に未達であった。

(3) 支店は本店の営業費 5,800千円を支払ったが，その通知が本店に未達であった。

3. 期末手許商品棚卸高

本　店：44,000千円　　　支　店：25,740千円

4. 売掛金期末残高に対して2％の貸倒引当金を差額補充法により設定する。

5. 建物の減価償却は定額法（耐用年数30年，残存価額10％）により行う。

1. 30,880千円	2. 29,080千円	3. 33,480千円
4. 33,080千円	5. 31,680千円	6. 34,800千円

本支店会計②

次の〔**資料**〕に基づき，本支店合併損益計算書の当期純利益として正しい金額の番号を一つ選びなさい。

〔**資料Ⅰ**〕 （単位：千円）

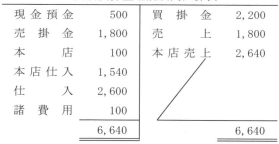

本店決算整理前残高試算表

現 金 預 金	700	借 入 金	400
有 価 証 券	400	B 支 店	1,200
A 支 店	1,900	資 本 金	1,000
諸 費 用	200	利益剰余金	600
	3,200		3,200

A支店決算整理前残高試算表

現 金 預 金	500	買 掛 金	2,200
売 掛 金	1,800	売 上	1,800
本 店	100	本 店 売 上	2,640
本 店 仕 入	1,540		
仕 入	2,600		
諸 費 用	100		
	6,640		6,640

B支店決算整理前残高試算表

・ ・ ・	・ ・ ・		
・ ・ ・	・ ・ ・	売 上	2,400
本 店	1,640	本 店 売 上	・ ・ ・
仕 入	2,000		
本 店 仕 入	2,640		
諸 費 用	60		
	・ ・ ・		・ ・ ・

〔資料Ⅱ〕

1．支店相互間取引については，本店集中計算制度により記帳している。商品の売買はA支店とB支店において行われており，本店では商品の売買は行われていない。また，A支店とB支店において期首商品はなかった。

2．商品の内部売上については，原価の10％増の金額で取引が行われている。

3．未達取引は次のとおりである。

　（1）A支店からB支店への送金 2,000千円。A支店は処理済み，B支店と本店は未処理。

　（2）B支店からA支店への売上 ？ 千円。B支店は処理済み，A支店と本店は未処理。

4．期末商品（実地棚卸による手許商品）は次のとおりである。

　　　A支店：外部仕入品 200千円，内部仕入品 220千円
　　　B支店：外部仕入品 600千円，内部仕入品 308千円

1．1,280千円　　　　2．520千円　　　　3．1,008千円

4．　568千円　　　　5．920千円　　　　6．　968千円

製造業会計

次の〔資料〕に基づき，損益計算書における売上総利益として正しい金額の番号を一つ選びなさい。

〔資料Ⅰ〕　決算整理前残高試算表

決算整理前残高試算表　　　　（単位：千円）

繰　越　製　品	200,000	売　　　　　上　（　　　　　）
繰　越　仕　掛　品	85,400	
繰　越　材　料	30,000	
材　料　仕　入	442,000	
賃　　　　　金	260,000	
製　造　経　費	130,000	

〔資料Ⅱ〕　決算整理事項等
1．期末材料棚卸高（材料は製造工程の始点で投入している）
　　　帳簿棚卸高　70,000千円
2．仕掛品に係る生産データ
　　　　期首仕掛品 1,500個（加工進捗度20%）　　当 期 投 入 6,000個
　　　　期末仕掛品 1,000個（加工進捗度50%）　　当期完成品 6,500個
3．期首仕掛品85,400千円の内訳は，材料費75,000千円及び加工費10,400千円である。
4．製品に係る販売データ
　　　　期 首 製 品 1,500個　　　当期完成品 6,500個
　　　　期 末 製 品 1,600個　　　当期売上品 6,400個（販売価格@ 200千円）
5．製造経費の繰延 1,400千円
6．期末仕掛品の評価は先入先出法，期末製品の評価は総平均法による。

1．492,000千円　　　　2．784,000千円　　　　3．780,000千円

4．496,000千円　　　　5．500,000千円　　　　6．776,000千円

本社工場会計

　ＬＬ社では本社と工場において独立採算制をとっている。次の〔資料〕に基づき，期末棚卸資産に係る内部利益として正しい金額の番号を一つ選びなさい。

〔資　料〕
1．内部取引関係
　(1) 材料はすべて本社が外部から仕入れ，原価に20％の利益を加算して工場に引き渡している。
　(2) 工場が本社に製品を引き渡す際には，製品原価に20％の利益を加算している。
　(3) 製品原価中にしめる材料費の割合（本社が付加した利益を含む）は40％，仕掛品中にしめる材料費（本社が付加した利益を含む）の割合は60％である。

2．期末棚卸資産
　(1) 本　社
　　　　製　品　1,440,000円
　(2) 工　場
　　　　材　料　1,200,000円　　仕掛品　1,600,000円　　製　品　2,400,000円

XII　本支店・製造業等

1．840,000円　　　　2．600,000円　　　　3．1,004,160円

4．760,000円　　　　5．616,000円　　　　6．　920,000円

以下の〔資料〕に基づき，直接法におけるキャッシュ・フロー計算書の営業活動によるキャッシュ・フローの金額として正しい金額の番号を一つ選びなさい。なお，受取利息，受取配当金及び支払利息は，営業活動によるキャッシュ・フローの区分に記載する。

〔資料Ⅰ〕　損益計算書項目（×4年1月1日〜×4年12月31日）（単位：千円）

売　　上　　高		40,000
売　上　原　価		20,000
販売費及び一般管理費		12,500
（人　　件　　費）	6,500	
（減　価　償　却　費）	1,000	
（そ　の　他　の　経　費）	5,000	
受取利息及び受取配当金		1,600
支　払　利　息		1,300
・　・　・　・　・		・・・
法　人　税　等		3,200
当　期　純　利　益		×××

〔資料Ⅱ〕　関係する貸借対照表項目（単位：千円）

	×3年12月31日	×4年12月31日
売　上　債　権	2,000	3,000
棚　卸　資　産	2,400	2,200
未　収　利　息	200	100
仕　入　債　務	2,600	2,800
未　払　給　料	400	600
役員賞与引当金	400	500
未払法人税等	1,200	1,400

〔資料Ⅲ〕 その他
 1. 有価証券の売却収入 1,600千円
 2. 有形固定資産の取得支出 2,200千円
 3. 借入による資金調達 4,000千円
 4. 自己株式の取得支出 1,800千円
 5. 配当金の支払額 2,000千円
 6. 役員賞与の支払額 400千円

1. 5,500千円   2. 5,600千円   3. 5,800千円

4. 6,000千円   5. 6,200千円   6. 6,600千円

間接法

以下の〔資料〕に基づき，営業活動によるキャッシュ・フローの金額と投資活動によるキャッシュ・フローの金額の合計として，正しい金額の番号を一つ選びなさい。

〔資料 I 〕　貸借対照表項目の当期末残高と前期末残高の差額（単位：千円）

売 上 債 権	100,000の増加	貸 倒 引 当 金	10,000の増加
棚 卸 資 産	50,000の減少	備　　　　品	50,000の増加
減価償却累計額	80,000の増加	投 資 有 価 証 券	19,520の増加
仕 入 債 務	30,000の減少	営業外支払手形	60,000の増加
未 払 法 人 税 等	20,000の増加		

〔資料 II 〕

1．当期は×9年1月1日に始まる1年である。

2．税引前当期純利益は 200,000千円であった。

3．備　品

(1) 当期5月31日に取得原価50,000千円の備品を売却し，10,000千円の売却益を得た。なお，この備品は当期首現在で購入から3年が経過している。

(2) 当期7月1日に備品 100,000千円を購入し，60,000千円を手形で支払い，40,000千円は現金で支払った。

(3) 備品の減価償却は定額法を採用しており，残存価額は取得原価の10%，耐用年数は5年である。

4．投資有価証券

(1) 当期4月1日にLL社社債（額面20,000千円）を19,340千円にて購入した。当該社債の償還日は×11年12月31日であり，満期まで保有する予定である。なお，当該社債は券面利息はなかった。

(2) 償却原価法（定額法）を採用している。

5．法人税等

　（1）期中に中間納付した法人税等の金額は60,000千円であった。

　（2）当期の法人税等の金額として，税引前当期純利益の50％を計上している。

1．　60,480千円　　　　　2．　125,670千円　　　　　3．　120,480千円

4．　129,420千円　　　　　5．　120,660千円　　　　　6．　140,480千円

　以下の〔**資料**〕に基づき，×2年度末の連結貸借対照表を作成した場合，資産総額と利益剰余金の金額はそれぞれいくらになるか，正しい組合せの番号を一つ選びなさい。

〔**資　料**〕

　1．P社は，S社株式の60％を×1年度末に 9,900千円で取得し，子会社とした。このときのS社の貸借対照表は次のとおりであるが，資産及び負債の時価は，それぞれ22,000千円と 8,000千円であった。

　　　　　　　　　　　S 社 貸 借 対 照 表　　　　　（単位：千円）

諸　　資　　産	20,000	諸　　負　　債	7,000
		資　　本　　金	10,000
		利 益 剰 余 金	3,000
	20,000		20,000

　2．P社は，S社株式の10％を×2年度末に 2,650千円で追加取得した。このときのP社及びS社の貸借対照表は次のとおりであるが，S社の資産及び負債の時価は，それぞれ29,000千円と12,500千円であった。

　　　　　　　　　　　P 社 貸 借 対 照 表　　　　　（単位：千円）

諸　　資　　産	53,450	諸　　負　　債	30,500
S　社　株　式	12,550	資　　本　　金	15,000
		資 本 剰 余 金	5,000
		利 益 剰 余 金	15,500
	66,000		66,000

　　　　　　　　　　　S 社 貸 借 対 照 表　　　　　（単位：千円）

諸　　資　　産	27,000	諸　　負　　債	12,000
		資　　本　　金	10,000
		利 益 剰 余 金	5,000
	27,000		27,000

３．のれんは発生年度の翌年度から10年間にわたり定額法により償却する。

　４．税効果会計は無視する。

1.　資産総額　83,800千円　　　利益剰余金　16,550千円
2.　資産総額　84,850千円　　　利益剰余金　16,550千円
3.　資産総額　83,800千円　　　利益剰余金　16,700千円
4.　資産総額　82,850千円　　　利益剰余金　16,700千円
5.　資産総額　84,850千円　　　利益剰余金　16,700千円
6.　資産総額　82,850千円　　　利益剰余金　16,550千円

一部売却

　以下の〔資料〕に基づき，連結財務諸表を作成した場合において，当期の資本剰余金の増減額として，正しい金額の番号を一つ選びなさい。なお，当事業年度は×1年度（×1年4月1日から×2年3月31日）である。

〔資　料〕

　1．P社は，×1年3月31日にS社株式の90％を30,000千円で取得し，子会社とした。このときのS社の貸借対照表は次のとおりであるが，土地の時価は12,000千円であった。

S 社 貸 借 対 照 表　　　　　（単位：千円）

諸　　資　　産	50,000	諸　　　負　　　債	30,000
土　　　　　地	10,000	資　　本　　金	20,000
		利　益　剰　余　金	10,000
	60,000		60,000

　2．P社は，×2年3月31日にS社株式の30％を13,000千円で売却した。なお，このときのS社の土地の時価は12,500千円であった。

　3．S社の×1年度の当期純利益は 8,000千円であり，剰余金の配当は行われなかった。

　4．のれんは発生年度の翌年度から10年間にわたり定額法により償却する。

　5．税効果会計は無視する。

1．　−1,000千円		2．　−360千円		3．　　　0千円	
4．　　360千円		5．　1,000千円		6．　2,000千円	

以下の〔資料〕に基づき，連結財務諸表を作成した場合において，資本剰余金の増減額として，正しい金額の番号を一つ選びなさい。なお，当事業年度は×2年度（×2年1月1日から×2年12月31日）である。

〔資　料〕

1．P社は，×1年12月31日にS社株式の80％（ 480株）を35,200千円で取得し，子会社とした。このときのS社の貸借対照表は次のとおりであるが，土地の時価は11,500千円であった。

<table>
<tr><td colspan="5" align="center">S 社 貸 借 対 照 表</td><td align="right">（単位：千円）</td></tr>
<tr><td>諸</td><td>資</td><td>産</td><td align="right">45,000</td><td>諸　　負　　債</td><td align="right">15,000</td></tr>
<tr><td>土</td><td></td><td>地</td><td align="right">10,000</td><td>資　　本　　金</td><td align="right">30,000</td></tr>
<tr><td></td><td></td><td></td><td></td><td>利　益　剰　余　金</td><td align="right">10,000</td></tr>
<tr><td></td><td></td><td></td><td align="right">55,000</td><td></td><td align="right">55,000</td></tr>
</table>

2．S社は，×2年12月31日に 200株について時価発行増資（1株の払込価額90千円）を行い，払込金額を全額資本金として処理した。P社はこの増資について引受を行わず，すべて外部株主により引受及び払込が行われた。

3．S社の×2年度の当期純利益は 8,000千円であり，剰余金の配当は行われなかった。

4．のれんは発生年度の翌年度から20年間にわたり定額法により償却する。

5．税効果会計は無視する。

1．　425千円　　　　2．　　900千円　　　　3．　　　0千円

4．－900千円　　　　5．－425千円　　　　6．　450千円

以下の〔資料〕に基づき，連結損益計算書における親会社株主に帰属する当期純利益に与える影響額として，正しい金額の番号を一つ選びなさい。

〔資　料〕

1．P社は前々期からS社株式の60％を所有している。

2．S社はP社へ商品を売り上げている。S社はP社へ商品を発送する際，仕入原価に40％の利益を加算している。

3．P社に対するS社の売上債権残高は次のとおりである。

	当　期　末	前　期　末
受　取　手　形	30,000千円	25,000千円
売　　掛　　金	45,000千円	30,000千円

4．S社は売上債権に対し毎期 1.5％の貸倒引当金を差額補充法で計上している。

5．P社におけるS社からの仕入商品の内訳は，次のとおりである。

期　首　棚　卸　高　 14,000千円

当　期　仕　入　高 280,000千円

期　末　棚　卸　高　 21,000千円

6．P社は，期首にS社へ備品（取得原価10,000千円，減価償却累計額 6,000千円）を 5,000千円で売却している。なお，S社は当該備品に対し，期末に減価償却（定額法，耐用年数3年，残存価額は取得原価の10％）を行っている。

7．税効果会計は無視する。

1．－1,720千円　　　　2．－3,000千円　　　　3．　－450千円

4．－1,440千円　　　　5．－2,200千円　　　　6．－2,400千円

MEMO

　ＰＰ社は，ＡＡ社を関連会社として持分法を適用している。そこで，下記の〔**資料**〕を参照して，×３年度連結貸借対照表に計上されるＡＡ社株式（投資有価証券）として正しい金額の番号を一つ選びなさい。なお，×３年度は×４年３月31日を決算日とする１年である。

〔**資料Ⅰ**〕　解答上の留意事項
　１．のれんは発生年度の翌年度から20年間にわたり定額法により償却する。
　２．税効果会計は関連会社の資産及び負債の時価評価から生じる一時差異及び未実現損益の調整から生じる一時差異に適用する。なお，税効果会計を適用する場合の実効税率は毎期40％とする。

〔**資料Ⅱ**〕　ＰＰ社のＡＡ社株式取得状況等
　１．ＰＰ社は×１年３月31日にＡＡ社発行済株式数の25％を 240,000千円で取得した。
　２．ＡＡ社資本勘定の推移（単位：千円）

	資　本　金	資本剰余金	利益剰余金	資 本 合 計
×１年３月31日	540,000	60,000	250,000	850,000
×３年３月31日	540,000	60,000	310,000	910,000
×４年３月31日	540,000	60,000	335,000	935,000

　３．ＡＡ社における資産及び負債の簿価及び時価
　　　×１年３月31日　土　地：簿価 220,000千円　　時価 270,000千円
　　　×４年３月31日　土　地：簿価 220,000千円　　時価 250,000千円
　（注）土地以外の資産及び負債について，簿価と時価に乖離は生じていない。
　４．ＡＡ社の当期純利益は 125,000千円であり，当期中に利益剰余金を原資とした剰余金の配当 100,000千円を行った。

5．ＡＡ社は連結外部より購入した商品の一部をＰＰ社に掛で販売している。

6．ＡＡ社のＰＰ社に対する売掛金の期首残高及び期末残高はそれぞれ13,900千円及び14,800千円であり，×3年度におけるＡＡ社のＰＰ社に対する売上高は 157,000千円であった。

7．ＡＡ社のＰＰ社に対する売上利益率は毎期20％であり，ＰＰ社における商品のうちＡＡ社仕入商品が期首及び期末にそれぞれ10,000千円及び12,000千円あった。

8．両社ともに売上債権期末残高に対して毎期2％の貸倒引当金を設定している。

1．257,650千円　　　　2．258,250千円　　　　3．258,490千円

4．259,240千円　　　　5．259,490千円　　　　6．259,650千円

次の〔**資料**〕に基づき，合併後のA社貸借対照表におけるのれん及び資本剰余金の合計として正しい金額の番号を一つ選びなさい。

〔**資　料**〕

1．当期末にA社とB社は合併（存続会社A社）した。なお，取得企業はA社である。

2．合併比率はA社：B社＝1：0.75である

3．合併直前のA社の発行済株式総数は 2,550株であり，B社の発行済株式総数は 1,000株である。

4．A社は合併に際し，B社株主に対して合併比率に従いA社株式を交付すると共に，B社株式1株につき1千円の合併交付金を支払う。

5．合併期日におけるA社株式の時価は，1株当たり 120千円である。

6．合併時におけるA社の諸資産の時価は 370,000千円であり，諸負債の時価は 150,000千円である。また，B社の諸資産の時価は 135,750千円であり，諸負債の時価は50,000千円である。

7．A社が合併により発行する株式はすべて新株であり，1株当たり 100千円を資本金に組み入れ，残額を資本剰余金とする。

8．合併時における合併当事会社の貸借対照表（単位：千円）

貸 借 対 照 表

借方科目	A 社	B 社	貸方科目	A 社	B 社
諸　資　産	300,000	100,000	諸　負　債	150,000	50,000
			資　本　金	100,000	30,000
			資本剰余金	20,000	5,000
			利益剰余金	30,000	15,000
合　　計	300,000	100,000	合　　計	300,000	100,000

1．39,250千円　　2．40,250千円　　3．40,000千円

4．50,750千円　　5．20,250千円　　6．25,250千円

当期末に甲社と乙社は株式交換を行い，甲社が完全親会社となった。当該株式交換の取得企業は甲社である。そこで，次の〔**資料Ⅰ**〕及び〔**資料Ⅱ**〕に基づき，(A)及び(B)の組合せとして正しい金額の番号を一つ選びなさい。

〔**資料Ⅰ**〕　　株式交換時における各社の要約貸借対照表（単位：千円）

貸 借 対 照 表

借方科目	甲　　社	乙　　社	貸方科目	甲　　社	乙　　社
諸　資　産	905,500	50,560	諸　負　債	305,500	15,160
土　　　地	72,000	15,000	資　本　金	300,000	25,000
			資本剰余金	150,000	10,000
			利益剰余金	222,000	15,400
合　　　計	977,500	65,560	合　　　計	977,500	65,560

〔**資料Ⅱ**〕　　解答上の留意事項
1．発行済株式数は甲社が 8,000株，乙社が 1,000株であった。
2．株式交換比率は 0.6であった。
3．株式交換日における甲社の株価は@ 135千円であり，乙社の株価は@ 100千円であった。
4．株式交換日における乙社の土地の時価は21,000千円であった。
5．甲社の諸資産の中に乙社株式は含まれていない。
6．税効果会計は無視する。

（A）　甲社個別貸借対照表に計上されるのれん

（B）　連結貸借対照表に計上されるのれん

1.（A）　　　　　0千円　　（B）　　　　　0千円
2.（A）　　　　　0千円　　（B）　　　3,600千円
3.（A）　　　　　0千円　　（B）　　24,600千円
4.（A）　24,600千円　　（B）　　　　　0千円
5.（A）　24,600千円　　（B）　　　3,600千円
6.（A）　24,600千円　　（B）　　24,600千円

問題 48　株式移転

A社とB社は株式移転により，完全親会社C社を設立した（取得企業はA社）。そこで，次の〔資料〕に基づき，株式移転後連結貸借対照表として正しいものを一つ選びなさい。なお，取得企業はA社である。

〔資　料〕

1. 株式移転比率は 0.5であり，A社の株主にはA社株式1株当たりC社株式1株が，B社の株主にはB社株式1株当たりC社株式 0.5株が交付された。なお，A社とB社の発行済株式数は 200株であった。
2. C社は増加すべき資本のうち 100,000千円を資本金とした。
3. 株式移転日におけるA社の株価：＠ 780千円
4. 株式移転日におけるA社の土地の時価は 125,000千円，B社の土地の時価は28,600千円であった。
5. 株式移転時における貸借対照表は以下のとおりである（単位：千円）。

貸　借　対　照　表

借方科目	A　社	B　社	貸方科目	A　社	B　社
諸　資　産	420,000	45,500	諸　負　債	130,000	13,000
土　　　地	100,000	13,000	資　本　金	130,000	26,000
			資本剰余金	52,000	7,800
			利益剰余金	208,000	11,700
合　　　計	520,000	58,500	合　　　計	520,000	58,500

6. 税効果会計は無視する。

76

1.

連 結 貸 借 対 照 表				（単位：千円）	
諸 資 産		465,500	諸 負 債		143,000
土 地		128,600	資 本 金		100,000
の れ ん		16,900	資 本 剰 余 金		368,000
		611,000			611,000

2.

連 結 貸 借 対 照 表				（単位：千円）	
諸 資 産		465,500	諸 負 債		143,000
土 地		113,000	資 本 金		100,000
の れ ん		32,500	資 本 剰 余 金		160,000
			利 益 剰 余 金		208,000
		611,000			611,000

3.

連 結 貸 借 対 照 表				（単位：千円）	
諸 資 産		465,500	諸 負 債		143,000
土 地		128,600	資 本 金		130,000
の れ ん		16,900	資 本 剰 余 金		130,000
			利 益 剰 余 金		208,000
		611,000			611,000

4.

	連 結 貸 借 対 照 表							（単位：千円）
諸	資	産	465,500	諸	負		債	143,000
土		地	113,000	資	本		金	130,000
の	れ	ん	32,500	資 本	剰 余		金	338,000
			611,000					611,000

5.

	連 結 貸 借 対 照 表							（単位：千円）
諸	資	産	465,500	諸	負		債	143,000
土		地	128,600	資	本		金	100,000
の	れ	ん	16,900	資 本	剰 余		金	160,000
				利 益	剰 余		金	208,000
			611,000					611,000

6.

	連 結 貸 借 対 照 表							（単位：千円）
諸	資	産	465,500	諸	負		債	143,000
土		地	128,600	資	本		金	130,000
の	れ	ん	16,900	資 本	剰 余		金	338,000
			611,000					611,000

XV
企業
結
合

収益認識①

　以下のア～オの記述のうち，正しい記述の記号の数として最も適切なものの番号を一つ選びなさい。

ア.
　（1）　当社は，×4年3月1日に大手の小売チェーンである得意先a社に商品Aを1年間販売する契約を締結した。当該契約では，a社が1年間に少なくとも 400,000千円分の商品Aを購入すること及び当社はa社に対して返金が不要な 3,600千円の支払を行うことが定められている。この 3,600千円の支払は，a社が当社の商品Aを収容するための棚に変更を加えることについての補償であるため，当社は当該支払は当社がa社から受領する別個の財又はサービスとの交換によるものではないと判断している。
　（2）　当社は，×4年3月1日に上記 3,600千円の支払いを行っている。
　（3）　当社は，×4年3月20日に商品Aを 160,000千円で掛販売した。なお，a社に支払われる対価 3,600千円は当社が商品Aの販売に対する収益を認識する時に，取引価格の減額として処理する。
　　　×4年3月20日において当社は，次の仕訳を行う。

（借）売　　掛　　金 160,000千円 （貸）前　　渡　　金 　 3,600千円
　　　　　　　　　　　　　　　　　　　売　　　　　上 156,400千円

イ.

(1) 当社は，商品Ｂを１個 1,200千円で販売する契約を複数の得意先と締結した。なお，商品Ｂの取引慣行では，得意先が未使用の商品Ｂを30日以内に返品する場合，全額返金に応じることとしている。なお，商品Ｂの原価は１個 900千円である。

(2) 当社は，商品売買の記帳方法として売上原価対立法を採用している。

(3) 当社は，×４年３月15日に商品Ｂを１個 1,200千円で40個を現金販売した。なお，当社が権利を得ることとなる変動対価を見積るために，当社は，当該対価の額をより適切に予測できる方法として期待値による方法を使用することを決定し，商品Ｂ36個が返品されないと見積っている。

(4) 当社は，返品数量に関する不確実性は短期間（30日の返品受入期間）で解消されるため，変動対価の額に関する不確実性が事後的に解消される時点までに計上された収益の額の著しい減額が発生しない可能性が高いと判断している。

(5) 当社は，商品Ｂの回収コストには重要性がないと見積り，返品された商品Ｂは利益が生じるように原価以上の販売価格で再販売できると予想した。×４年３月15日において当社は，次の仕訳を行う。

（借）現 金 預 金 48,000千円 （貸）売 上 43,200千円
　　　　　　　　　　　　　　　　　　 返 金 負 債 4,800千円
（借）売 上 原 価 32,400千円 （貸）棚 卸 資 産 32,400千円

ウ．

(1) 当社は，商品Cを1個当たり72千円で販売する契約を×3年12月1日に締結した。当該契約には，×4年11月30日までに1,800個より多く購入する場合には，1個当たりの価格を遡及的に60千円に減額すると定められている。

(2) 当社は，×3年12月31日に商品C 200個をc社に掛販売している。なお，当社は，×4年11月30日までのc社の購入数量は1,800個を超えないであろうと判断した。

(3) 当社は，商品C及びc社の購入実績に関する十分な経験を有しており，変動対価の額に関する不確実性が事後的に解消される時点（購入の合計額が判明する時）までに計上された収益（1個当たり72千円）の著しい減額が発生しない可能性が高いと判断している。

(4) ×4年1月にc社が他の企業を買収し，×4年2月1日において，当社は追加的に商品C 1,500個をc社に掛販売した。当社は，新たな事実を考慮して，c社の購入数量は×4年11月30日までに1,800個を超えるであろうと見積り，1個当たりの価格を60千円に遡及的に減額することが必要になると判断した。

×4年2月1日において当社は，次の仕訳を行う。

（借）売 掛 金 108,000千円 （貸）売 上 87,600千円
返 金 負 債 20,400千円

エ.

(1) 当社がd社（顧客）に商品D及び商品Eを合わせて 9,000千円で販売する契約を締結した。当該契約では，まず商品Dの引渡しを行うが，商品Dの引渡しに対する支払は商品Eの引渡しを条件とすると定められている。

9,000千円の対価は，当社が商品Dと商品Eの両方をd社に移転した後にはじめて支払われる。

(2) 当社における商品D及び商品Eの独立販売価格は 6,600千円及び 2,400千円である。

(3) 商品に対する支配がd社に移転する時に，それぞれの履行義務について収益を認識している。

商品Eの移転時において当社は，次の仕訳を行う。

(借)売 掛 金 9,000千円 (貸)契 約 資 産 6,600千円
売 上 2,400千円

オ.

（1）当社は，複数の供給者の製品が当社のオンラインサービスを通じて販売される場合には，当該供給者との契約条件に基づき，製品の販売価格の20％に相当する手数料を得る。

（2）当社は，注文が処理される前に顧客に支払を求めており，すべての注文について返金は不要である。

（3）製品の販売価格は供給者により設定されており，当社は，顧客に製品が提供されるように手配した後は，顧客に対してそれ以上の義務を負わない。

（4）当社は，自らは当該取引における代理人であり，自らの履行義務は供給者によって製品が提供されるように手配することであると結論付けた。

（5）×４年７月14日に，供給者は当社のオンラインサービスを通じて，顧客に対し販売価格 100,000千円の製品を販売した。
　　×４年７月14日において当社は，次の仕訳を行う。

（借）売　　掛　　金 100,000千円　（貸）売　　　　　　上 100,000千円

1.　０個　　2.　１個　　3.　２個　　4.　３個　　5.　４個　　6.　５個

　　次の〔**資料**〕の取引について，当社財務諸表に計上される①×2年度の「契約負債」の金額及び②×3年度の「売上高」の金額として最も適切なものの番号を一つ選びなさい。なお，計算結果に端数が生じる場合は，その都度千円未満を四捨五入すること。

〔資料〕

1.　当社は，当社の商品を顧客が 100円分購入するごとに5ポイントを顧客に付与するカスタマー・ロイヤルティ・プログラムを×2年度より提供している。顧客は，ポイントを使用して，当社の商品を将来購入する際に1ポイント当たり1円の値引きを受けることができる。

2.　×2年度中に，当社は，顧客に商品50,000千円を現金で販売し，将来の当社の商品購入に利用できる 2,500千ポイントを付与した。対価は固定であり，顧客が購入した当社の商品の独立販売価格は50,000千円であった。

3.　当社は商品の販売時点で，将来 2,000千ポイントが使用されると見込んだ。当社は，顧客により使用される可能性を考慮し，1ポイント当たりの独立販売価格を 0.8円（合計額は 2,000千円）と見積った。

4.　当該ポイントは，契約を締結しなければ顧客が受け取れない重要な権利を顧客に提供するものであるため，当社は，顧客へのポイントの付与により履行義務が生じると結論付けた。

5.　当社は×3年度末において，使用されるポイント総数の見積りを 2,400千ポイントに更新した。

6.　各年度に使用されたポイント，決算日までに使用されたポイント累計及び使用されると見込むポイント総数は次のとおりである。

	×2年度	×3年度
各年度に使用されたポイント	1,200千ポイント	700千ポイント
決算日までに使用されたポイント累計	1,200千ポイント	1,900千ポイント
使用されると見込むポイント総数	2,000千ポイント	2,400千ポイント

	①	②
1.	769千円	368千円
2.	769千円	673千円
3.	952千円	456千円
4.	952千円	833千円
5.	800千円	383千円
6.	800千円	700千円

問題 51　建設業会計

　次の〔**資料**〕に基づき，当社の×3年度（×3年1月1日～×3年12月31日）の完成工事総利益として正しい金額の番号を一つ選びなさい。なお，計算途中で端数が生じる場合には，千円未満を四捨五入する。

〔**資　料**〕

1．請負工事に関する資料（単位：千円）

	契約価額	見積総工事原価	工　　　期
A	700,000	560,000	×1年6月1日～×3年3月31日
B	1,100,000	825,000	×2年11月1日～×4年6月30日
C	780,000	640,000	×3年1月1日～×4年9月30日
D	340,000	?	×2年9月1日～×3年5月20日

2．当期末までの実際工事原価に関する資料（単位：千円）

	×1年度	×2年度	×3年度
A	140,000	308,000	115,000
B	—	63,000	451,800
C	—	—	595,000
D	—	95,200	144,800

3．B工事については，工事資材価格の高騰に伴い，当期末において総工事原価の見積額を 858,000千円に変更した。

4．C工事については，工事資材価格の高騰に伴い，当期末において総工事原価の見積額を 850,000千円に変更した。

5．A工事，B工事及びC工事は履行義務の充足に係る進捗度を合理的に見積ることが可能である。また，D工事は各決算日において，履行義務の充足に係る進捗度を合理的に見積ることが困難であった。

6．当社は，決算日における工事進捗度を原価比例法により決定している。

88

7. 工事Dは，契約時点において，契約価額は工事原価総額を回収できる金額とすることが既に合意されている。また，当期末までに完成し，引渡が完了している。

1. 159,400千円　　　　2. 205,600千円　　　　3. 164,800千円

4. 179,200千円　　　　5. 182,950千円　　　　6. 200,200千円

解答・解説編

Certified Public Accountant

 問題 **1**

正解 **4**

本問のポイント	現金の範囲

▼解　説▼　（単位：千円）

1．決算日における現金実際有高

　　①紙幣・硬貨220,350＋④他人振出小切手40,000

　　　　＋⑧株主配当金領収証12,000＋⑨社債利札（期限到来済）3,000

　　　　　　　　　　　　　　　　　　＋⑩振替貯金払出証書7,000＝282,350

　（注）問題文に特に指示がないので，⑤自己振出小切手は「当座預金」勘定

　　　　で，⑥先日付小切手は「受取手形」勘定で適正に処理されていると判断

　　　　する。

2．現金過不足

（借）現	金	2,350	（貸）雑	益	2,350(*1)

　（*1）実際有高282,350－帳簿残高280,000＝雑益2,350

＜現金の範囲＞

通貨	紙幣・硬貨（外国通貨を含む）	
通貨代用証券	①他社振出の当座小切手	他社が振り出した当座小切手
	②送金小切手	銀行経由の送金手段として銀行が交付する小切手
	③送金為替手形	銀行経由の送金手段として銀行が振込に対し交付する為替手形
	④預金手形	銀行が預金者のサービスとして現金の代用として交付する証券
	⑤郵便為替証書	郵便局が送金者の依頼にもとづいて交付する証券
	⑥振替貯金払出証書	振替貯金にもとづいて郵便局が交付する払出証書
	⑦期限到来後公社債利札	公債や社債の証券にあらかじめ印刷されている利息の受領証
	⑧株主配当金領収証	保有株式に交付された配当金の受領証
	⑨一覧払手形	受取人が支払人に呈示した日が満期とされる手形

⬤ **問題 2**

| 本問のポイント | 銀行勘定調整表, 一年基準 |

▼**解　説**▼ （単位：千円）

1．現　金
　(1) 先日付小切手（誤処理）
　　① 実際に行った仕訳

| (借) 現　　　　　金 35,000 | (貸) ×　　×　　× 35,000 |

　　② あるべき仕訳

| (借) 受　取　手　形 35,000 | (貸) ×　　×　　× 35,000 |

　　(注) 先日付小切手を受け取っても，一定期間経過後でなければ現金化されな
　　　　い。この点において手形を受け取った場合と類似することから，先日付小
　　　　切手を受け取った場合，受取手形勘定で処理する。
　　③ 決算整理仕訳(②－①)

| (借) 受　取　手　形 35,000 | (貸) 現　　　　　金 35,000 |

　(2) 株主配当金領収証（未処理）

| (借) 現　　　　　金 18,000 | (貸) 受 取 配 当 金 18,000 |

　(3) 期限到来後社債利札（未処理）

| (借) 現　　　　　金 6,000 | (貸) 有 価 証 券 利 息 6,000 |

2．当座預金
　(1) 未渡小切手

| (借) 当 座 預 金 88,000 | (貸) 未　　払　　金 88,000 |

　(2) 売掛金回収未記帳

| (借) 当 座 預 金 57,000 | (貸) 売　　掛　　金 57,000 |

　(3) 電気料金引落未記帳

| (借) 光　熱　費 27,000 | (貸) 当 座 預 金 27,000 |

　(4) 売掛金振込誤記帳

| (借) 売　　掛　　金 18,000(*1) | (貸) 当 座 預 金 18,000 |

　(*1) 97,000－79,000＝18,000

銀 行 勘 定 調 整 表

×10年3月31日

当座預金勘定残高	∴	3,347,000	銀行証明書残高		3,456,000
加算：②未渡小切手		88,000	加算：④締切後預入		13,000
③売掛金回収未記帳		57,000			
計		3,492,000	計		3,469,000
減算：⑤電気料金引落未記帳		27,000	減算：①未取付小切手		22,000
⑥売掛金振込誤記帳		18,000			
調整後残高		3,447,000	調整後残高		3,447,000

（注）①〜⑥は，問題文〔**資料Ⅱ**〕(1)〜(6)と対応している。

3．定期預金

（借）長 期 性 預 金 300,000(*2)	（貸）定 期 預 金 300,000

（*2）満期日×11年5月5日の定期預金

（注）預金は一年基準により分類するため，満期日が決算日の翌日から起算して一年を超える預金については「長期性預金」として貸借対照表の固定資産（投資その他の資産）に表示する。

4．解答数値の算定

現金427,000(*3) ＋当座預金3,447,000(*4) ＋定期預金200,000＝4,074,000

（*3）438,000－35,000＋18,000＋6,000＝427,000

（*4）銀行勘定調整表の調整後残高より

 問題 **3**

正解 **6**

本問のポイント　割引手形，現金過不足

▼解　説▼　（単位：円）

ア．誤　り

　　手形割引に係る割引料は，手形売却損として発生時に全額費用とされる。したがって，決算時において**割引料の未経過分の仕訳は不要**である。

イ．誤　り

　　当期に貸倒処理した売掛金（すべて当期掛売分）は貸倒損失勘定で処理しているので，それを修正する。

（借）現　　　　　金	30,000	（貸）**貸　倒　損　失**	30,000

ウ．誤　り

　　支払手形勘定は商品売買取引において用いるので，金融取引には手形借入金（もしくは借入金）勘定を用いる。

（借）当　座　預　金	995,000	（貸）**手　形　借　入　金**	1,000,000
支　払　利　息	5,000(*1)		

$$(*1)\quad 1,000,000 \times 2\% \times \frac{3\,ヶ月}{12\,ヶ月} = 5,000$$

エ．誤　り

（借）**現　金　過　不　足**	15,000	（貸）受　取　手　数　料	6,000
通　　信　　費	3,000	売　　　掛　　　金	22,000
消　耗　品　費	4,000	**前　　受　　金**	50,000
買　　掛　　金	10,000		
雑　　　　　損	46,000		

問題 **4**

正解 **2**

本問のポイント 　売却，期末評価，減損処理

▼解　説▼　（単位：千円）

1．売買目的有価証券

（1）A株式

（借）	**有価証券評価損益**	200	（貸）	有　価　証　券	200(*1)
（借）	現　金　預　金	1,200	（貸）	有　価　証　券	900
				有価証券売却損益	300

（*1）前期末時価1,100－取得原価900＝200

（2）B株式

（借）	有　価　証　券	100(*2)	（貸）	**有価証券評価損益**	100
（借）	有　価　証　券	300(*3)	（貸）	**有価証券評価損益**	300

（*2）取得原価400－前期末時価300＝100

（*3）当期末時価700－取得原価400＝300

2．子会社株式及び関連会社株式

（1）C株式

仕　訳　な　し

（2）D株式

（借）	現　金　預　金	750	（貸）	関　係　会　社　株　式	1,000
	関係会社株式売却損	250			

（3）E株式

（借）	**関係会社株式評価損**	1,800	（貸）	関　係　会　社　株　式	1,800(*4)

（*4）取得原価3,000×50％＝1,500　＞　当期末時価1,200　→　減損処理を行う

　　∴　取得原価3,000－当期末時価1,200＝1,800

3．その他有価証券

（1）F株式

（借）	その他有価証券評価差額金	400	（貸）	投 資 有 価 証 券	400（*5）
（借）	現　金　預　金	2,000	（貸）	投 資 有 価 証 券	1,400
				投資有価証券売却損益	600

（*5）前期末時価1,800－取得原価1,400＝400

（2）G株式

（借）	投 資 有 価 証 券	200（*6）	（貸）	投資有価証券評価損益	200
（借）	投資有価証券評価損益	400	（貸）	投 資 有 価 証 券	400（*7）

（*6）取得原価1,200－前期末時価1,000＝200

（*7）取得原価1,200－当期末時価800＝400

（3）H株式

（借）	投 資 有 価 証 券	300（*8）	（貸）	その他有価証券評価差額金	300

（*8）当期末時価1,900－当期購入額1,600＝300

4．解答数値の算定

株式売却損益（A株式300－D株式250＋F株式600）

　　　　　＋株式評価損益｛A株式－200＋B株式（100＋300）

　　　　　　　　　＋E株式－1,800＋G株式（200－400）｝＝損失1,150

本問のポイント 期末評価, 洗替処理, 償却原価法

▼解 説▼ （単位：千円）

1．解答上，必要な仕訳

(1) 売買目的有価証券

① A社株式

| （借）有 価 証 券 | 240(*1) | （貸）有価証券評価損益 | 240 |

(*1) $2,240-2,000=240$

② B社株式

| （借）有価証券評価損益 | 940 | （貸）有 価 証 券 | 940(*2) |

(*2) $1,640-700=940$

(注) 本問では売買目的有価証券について切放方式を採用しているため，翌期首の振戻処理は行われない。

(2) 満期保有目的の債券（C社社債）

| （借）投 資 有 価 証 券 | 10(*3) | （貸）有 価 証 券 利 息 | 10 |
| （借）有 価 証 券 | 1,990(*4) | （貸）投 資 有 価 証 券 | 1,990 |

(*3) $(2,000-1,970) \times \dfrac{12 \text{ヶ月}（\times 2.4 \sim \times 3.3）}{36 \text{ヶ月}（\times 1.4 \sim \times 4.3）} = 10$

(*4) $1,970+(2,000-1,970) \times \dfrac{24 \text{ヶ月}（\times 1.4 \sim \times 3.3）}{36 \text{ヶ月}（\times 1.4 \sim \times 4.3）} = 1,990$

(注) 償還日は×4年3月31日であり，決算日の翌日から起算して一年内に償還されるため，投資有価証券から有価証券に振り替える。

(3) 関連会社株式（D社株式）

| 仕 訳 な し |

(4) その他有価証券

① 決算整理仕訳

ⅰ E社株式

| (借) 投資有価証券 | 720(*5) | (貸) その他有価証券評価差額金 | 720 |

(*5) 3,520－2,800＝720

ⅱ F社株式

| (借) 投資有価証券評価損 | 4,340(*6) | (貸) 投資有価証券 | 4,340 |

(*6) 8,380×50%＝4,190 ＞ 4,040 → 減損処理を行う

∴ 8,380－4,040＝4,340

② 翌期首の振戻処理（E社株式）

| (借) その他有価証券評価差額金 | 720 | (貸) 投資有価証券 | 720(*5) |

(注) F社株式については減損処理が行われているため，翌期首の振戻処理は行われない。

2．解答数値の算定

流動資産合計：A社株式2,240＋B社株式700＋C社社債1,990＝4,930

固定資産合計：D社株式4,600＋E社株式2,800＋F社株式4,040＝11,440

 問題 **6**

本問のポイント 移動平均法, 株式分割, 有償増資

▼解 説▼ （単位：千円）

1．仕訳処理

(1) 前期繰越：@800円×10,000株＝8,000

(2) ×2年6月6日（買入）

(借) 有 価 証 券	8,800(*1)	(貸) 現 金 預 金	8,800

(*1) 購入価額@880円×10,000株＝8,800

(3) ×2年7月7日（株式分割）

仕　訳　な　し

(注) 株式分割を受けた株主（株式の保有者）は現金等を支払っていないため，
　　 簿記上の取引とならないので仕訳は行わない。ただし，帳簿価額は変わら
　　 ないが保有株式数が増加するので，保有株式の単価が@ 700円(*2)に下落
　　 する。

(*2)（前期繰越8,000＋8,800(*1)）÷{（前期繰越10,000株＋10,000株）×1.2}

＝株式分割後の単価@700円

(4) ×2年8月8日（売却）

(借) 現 金 預 金	4,300(*3)	(貸) 有 価 証 券	3,500(*4)
		有価証券運用損益	800

(*3) 売却価額@860円×5,000株＝4,300

(*4) 株式分割後の単価@700円(*2)×5,000株＝3,500

(5) ×2年9月9日（買入）

(借) 有 価 証 券	850(*5)	(貸) 現 金 預 金	850

(*5) 購入価額@850円×1,000株＝850

(6) ×2年10月10日（株主割当による増資の引受）

(借) 有 価 証 券	6,400(*6)	(貸) 現 金 預 金	6,400

(*6) 払込金額@640円×10,000株＝6,400

(7) ×2年11月11日（売却）

（借）現　金　預　金	11,850(*7)	（貸）有　価　証　券	10,275(*8)
		有価証券運用損益	1,575

(*7) 売却価額@790円×15,000株＝11,850

(*8) @685円(*9)×15,000株＝10,275

(*9)（前期繰越8,000＋8,800(*1)－3,500(*4)＋850(*5)＋6,400(*6)）

$$÷30,000株(*10)＝@685円$$

(*10)（前期繰越10,000株＋10,000株）×1.2－5,000株＋1,000株＋10,000株

$$＝30,000株$$

(8) ×3年3月31日（決算日）

（借）有　価　証　券	1,275(*11)	（貸）有価証券運用損益	1,275

(*11)（@770円－@685円(*9)）×15,000株(*12)＝1,275

(*12)（前期繰越10,000株＋10,000株）×1.2－5,000株＋1,000株＋10,000株

$$－15,000株＝15,000株$$

2．解答数値の算定

　　800＋1,575＋1,275＝運用益3,650

本問のポイント　期末評価，償却原価法

▼**解　説**▼　（単位：千円）

1．決算整理仕訳

（1）売買目的有価証券（A社株式）

| （借）有　価　証　券 | 2,800(*1) | （貸）有価証券評価損益 | 2,800 |

(*1)　期末時価@34×10,000株×当期CR108円／ドル

　　　　　　　　　　　　　　－@32×10,000株×106円／ドル＝2,800

（2）満期保有目的の債券（B社社債）

| （借）投　資　有　価　証　券 | 896(*2) | （貸）有　価　証　券　利　息 | 896 |
| （借）投　資　有　価　証　券 | 2,248(*3) | （貸）為　替　差　損　益 | 2,248 |

(*2)　当期償却額8千ドル(*4)×当期AR112円／ドル＝896

(*3)（760千ドル＋当期償却額8千ドル(*4)）×当期CR108円／ドル

　　　　　　　　　　－（760千ドル×105円／ドル＋896(*2)）＝2,248

(*4)（800千ドル－760千ドル）÷5年＝8千ドル

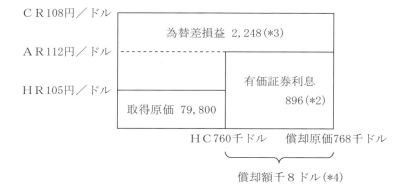

(3) 関連会社株式（C社株式)

仕　訳　な　し

(4) その他有価証券（D社社債)

（借）その他有価証券評価差額金	40(*5)	（貸）投 資 有 価 証 券	40
（借）有　価　証　券	53,460(*6)	（貸）投 資 有 価 証 券	53,460

(*5) 500千ドル×107円／ドル－53,460(*6)＝40

(*6) 495千ドル×当期ＣＲ108円／ドル＝53,460

(注) 償還日は×4年3月31日であり，決算日の翌日から起算して一年内に償
還されるため，投資有価証券から有価証券に振り替える。

2．解答数値の算定

　　投資有価証券82,944(*7)＋関係会社株式74,120(*8)＝157,064

(*7) Ｂ社社債(760千ドル＋当期償却額8千ドル(*4))×当期ＣＲ108円／ドル
＝82,944

(*8) Ｃ社株式＠34ドル×20,000株×109円／ドル＝74,120

本問のポイント　払出単価の計算

▼解　説▼　（単位：円）

1．商品の流れ

　　売上総利益が最も大きくなる払出単価の計算方法は，売上原価の金額が最も小さくなる払出単価の計算方法である。つまり，**期末商品の金額が大きい順に並べれば良い。**

商　　品

期首　@2,900×　　200個＝　　580,000	当期売上	
当期仕入	7/1	600個
5/1　@3,200×　　800個＝2,560,000	10/2	1,000個
8/2　@3,000×1,200個＝3,600,000	2/3	560個
12/3　@3,105×　400個＝1,242,000	期　　末　　∴　440個	
合　　計　　2,600個　7,982,000		

2．期末商品金額の算定

　ア．先入先出法

　　　　期末数量　440個の内訳は，8月仕入分40個及び12月仕入分 400個である。

　　　　∴　@3,000×40個＋@3,105×400個＝1,362,000

　イ．移動平均法

　　　5月仕入直後の移動平均単価は以下のとおりである。

　　　（580,000＋2,560,000）÷（200個＋800個）＝@3,140

　　　8月仕入直後の移動平均単価は以下のとおりである。

　　　（580,000＋2,560,000＋3,600,000－@3,140×600個）

　　　　　　　　　　÷（200個＋800個－600個＋1,200個）＝@3,035

　　　12月仕入直後の移動平均単価は以下のとおりである。

　　　（7,982,000－@3,140×600個－@3,035×1,000個）

　　　　　　　　　　÷（2,600個－600個－1,000個）＝@3,063

　　　∴　@3,063×440個＝1,347,720

ウ．総平均法

　　総平均単価：7,982,000÷2,600個＝@3,070

　　　∴　　@3,070×440個＝1,350,800

エ．最終仕入原価法

　　@3,105×440個＝1,366,200

3．解答数値の算定

　エ 1,366,200 ＞ ア 1,362,000 ＞ ウ 1,350,800 ＞ イ 1,347,720

　∴　エ ＞ ア ＞ ウ ＞ イ

本問のポイント　商品低価評価損

▼**解　説**▼　（単位：千円）

1．決算整理仕訳

（1）A商品

（借）仕 入 31,600	（貸）繰 越 商 品 31,600
（借）繰 越 商 品 33,600(*1)	（貸）仕 入 33,600
（借）商品低価評価損 2,852(*2)	（貸）繰 越 商 品 5,372
棚 卸 減 耗 費 2,520(*3) （売 上 原 価）	

(*1)　原価@210×帳簿160個＝33,600

(*2)（原価@210－正味売却価額@196）×（実地148個－品質低下品30個）

　　　　　　　　　　　　　　　　　　　　＋@40×品質低下品30個＝2,852

(*3)　原価@210×（帳簿160個－実地148個）＝2,520

（2）B商品

（借）仕 入 23,100	（貸）繰 越 商 品 23,100
（借）繰 越 商 品 28,050(*1)	（貸）仕 入 28,050
（借）商品低価評価損 2,626(*2)	（貸）繰 越 商 品 8,016
棚 卸 減 耗 損 5,390(*3) （特 別 損 失）	

(*1)　原価@110×帳簿255個＝28,050

(*2)（原価@110－正味売却価額@99）×（実地206個－品質低下品40個）

　　　　　　　　　　　　　　　　　　　　＋@20×品質低下品40個＝2,626

(*3)　原価@110×（帳簿255個－実地206個）＝5,390

２．解答数値の算定

期首商品棚卸高54,700(＊1)＋当期商品仕入高631,000(＊2)

－期末商品棚卸高61,650(＊3)＋棚卸減耗費2,520(＊4)

＋商品低価評価損5,478(＊5)＝632,048

(＊1)　A商品31,600＋B商品23,100＝54,700

(＊2)　A商品378,000＋B商品253,000＝631,000

(＊3)　A商品33,600＋B商品28,050＝61,650

(＊4)　A商品2,520

(＊5)　A商品2,852＋B商品2,626＝5,478

(注)　商品低価評価損は原則として売上原価の内訳科目となり，原価性のない
棚卸減耗費は特別損失又は営業外費用となる。

問題 **10**

| 本問のポイント | 売価還元法

▼解　説▼ （単位：千円）

1．売上高及び原価率算定

インプット売価	インプット原価	アウトプット原価	アウトプット売価
期首商品 115,200	期首商品 84,000		
仕入売価 532,800		売上原価	売上高
値 上 額 84,000		∴403,200	∴504,000
値上取消額 △12,000	仕入原価	（貸借差額）	
値 下 額 △96,000	420,000		
値下取消額 6,000		期末商品 100,800 (*1)	期末商品 126,000
合計 630,000	合計 504,000		合計 630,000

原価率 0.8(*2)

（*1）　期末商品帳簿棚卸高（売価）126,000×原価率0.8(*2)＝100,800

（*2）　$\dfrac{\text{インプット原価合計}504,000}{\text{インプット売価合計}630,000}$＝原価率0.8

2．決算整理仕訳（三分法を仮定する）

（借）仕 入	84,000	（貸）繰 越 商 品	84,000
（借）繰 越 商 品	100,800	（貸）仕 入	100,800(*1)
（借）棚 卸 減 耗 費	9,600(*3)	（貸）繰 越 商 品	21,000
商品低価評価損	11,400(*4)		

（*3）（帳簿売価126,000－実地売価114,000）×原価率0.8(*2)＝9,600

（*4）実地売価114,000×原価率0.8(*2)－正味売却価額79,800＝11,400

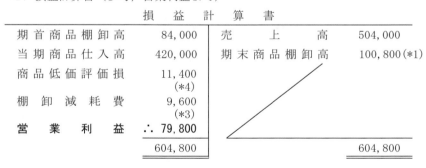

3．解答数値の算定

　　売上高504,000－売上原価403,200－商品低価評価損11,400(*4)

　　　　　　　　　　　　　　　　　　　　－棚卸減耗費9,600(*3)＝79,800

4．損益計算書（参考，営業利益まで）

損　益　計　算　書

期 首 商 品 棚 卸 高	84,000	売　　上　　高	504,000
当 期 商 品 仕 入 高	420,000	期 末 商 品 棚 卸 高	100,800(*1)
商 品 低 価 評 価 損	11,400 (*4)		
棚 卸 減 耗 費	9,600 (*3)		
営　業　利　益	∴ 79,800		
	604,800		604,800

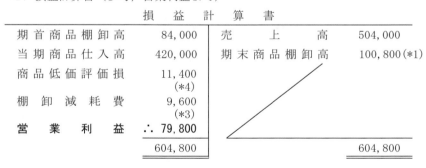

111

問題 11

本問のポイント 期末評価

▼解 説▼ （単位：千円）

1．決算整理仕訳（解答上，必要な仕訳のみ示す）

(1) A商品

（借）A 商 品 267,600	（貸）A 商 品 販 売 益 267,600（*1）
（借）A商品棚卸減耗費 1,200（*2）	（貸）A 商 品 1,200

（*1） 前T/B A商品231,600＋期末A商品帳簿棚卸高36,000（*3）＝267,600

（*2） ＠120×（帳簿300個－実地290個）＝1,200

（*3） ＠120×帳簿300個＝36,000

(2) B商品

（借）B商品棚卸減耗費 3,920（*4）	（貸）B 商 品 3,920

（*4） ＠196×（帳簿400個－実地380個）＝3,920

2．解答数値の算定

A商品販売益267,600（*1）＋B商品販売益579,800

－棚卸減耗費（A商品1,200（*2）＋B商品3,920（*4））＝842,280

本問のポイント　　委託販売, 原価率

▼**解　説**▼　（単位：千円）

1．原価率算定

仕　　　入

期首手許　24,000	一般売原	
前T/B 仕入		321,120
320,350	期末手許　23,230	

∴0.72 ← 一般売上　446,000

2．解答数値の算定

一般売上446,000×（1 −0.72）

$$+委託販売154,100×\left(1-\frac{0.72}{1.15}\right)=182,500$$

3．損益計算書（参考，売上総利益まで）

損　益　計　算　書

売　上　原　価	417,600(*2)	売　　上　　高	600,100(*1)
売　上　総　利　益	∴**182,500**		
	600,100		600,100

(*1)　一般売上446,000＋積送品売上154,100＝600,100

(*2)　$321,120＋委託販売154,100×\dfrac{0.72}{1.15}=417,600$

問題 **13**

未着品売買，委託販売，原価率

▼**解 説**▼ （単位：千円）

Ⅰ．決算整理仕訳等

1．一般販売

（借）仕 入 45,000	（貸）繰 越 商 品 45,000
（借）繰 越 商 品 31,000	（貸）仕 入 31,000

2．未着品売買（総記法）

（借）未 着 品 39,000	（貸）未 着 品 販 売 益 39,000（*1）

（*1）期末未着品棚卸高21,000＋前T/B 未着品（貸方）18,000＝39,000

（注）前T/B の貸方に未着品勘定があることから，総記法で記帳していると判断する。

未 着 品

期　首　　24,000	売上原価　　156,000
当期取得　∴ 153,000	期　末　　21,000

×0.8(*2) ← 売上高 195,000

÷0.2(*3) ↑

販売益 39,000(*1)

（*2）一般販売原価率0.72（後述）÷0.9＝未着品販売原価率0.8

（*3）1－0.8(*2)＝未着品販売利益率0.2

3．委託販売（三分法・期末一括法）

（借）積 送 売 掛 金 9,500 積 送 諸 掛 費 500	（貸）積 送 品 売 上 10,000
（借）仕 入 160,000	（貸）積 送 品 160,000
（借）積 送 品 10,000(*1)	（貸）仕 入 10,000
（借）積 送 諸 掛 費 1,600	（貸）繰 延 積 送 諸 掛 費 1,600
（借）繰 延 積 送 諸 掛 費 400(*2)	（貸）積 送 諸 掛 費 400

（注）当社は委託販売に係る収益認識基準として販売基準を採用しており，受託者が実際に販売した日は売上計算書に記載されている「×9年3月30日」であるので，当期の売上収益として認識する。

(*1)　前T/B　積送品160,000－売上原価150,000(*3)＝10,000

(*2)　$(1,600＋4,800(*4))×\dfrac{期末10,000(*1)}{期首40,000(*5)＋当期積送120,000}＝400$

(*3)　当期積送品売上250,000(*6)×委託販売原価率0.6(*7)＝150,000

(*4)　前T/B　積送諸掛費16,800＋500－販売諸掛12,500(*8)＝4,800

(*5)　前T/B　積送品160,000－当期積送120,000＝40,000

(*6)　前T/B　積送品売上240,000＋10,000＝250,000

(*7)　一般販売原価率0.72(後述)÷1.2＝0.6

(*8)　250,000(*6)×5％＝12,500

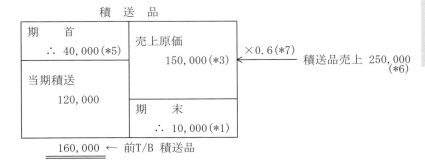

Ⅱ. 一般販売原価率の算定

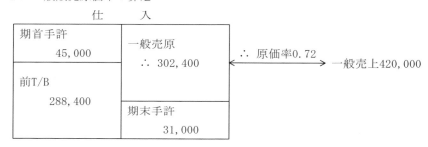

仕　　　入

| 期首手許 45,000 | 一般売原 ∴ 302,400 |
| 前T/B 288,400 | 期末手許 31,000 |

∴ 原価率0.72　←→　一般売上420,000

Ⅲ. 損益計算書（営業利益まで）

損　益　計　算　書

期首商品棚卸高	109,000 (*1)	一　般　売　上　高	420,000
当期商品仕入高	561,400 (*2)	未　着　品　売　上　高	195,000
積　送　諸　掛　費	18,500 (*4)	積　送　品　売　上　高	250,000
営　業　利　益	∴238,100	期末商品棚卸高	62,000 (*3)
	927,000		927,000

(*1)　期首手許商品45,000＋期首未着品24,000＋期首積送品40,000＝109,000

(*2)　外部仕入高408,400＋貨物引換証当期取得高153,000＝561,400　　又は、

　　　前T/B 仕入288,400＋貨物引換証当期取得高153,000

　　　　　　　　　　　　　　　　　　　＋当期積送高120,000＝561,400

(*3)　期末手許商品31,000＋期末未着品21,000＋期末積送品10,000＝62,000

(*4)　販売諸掛12,500＋発送諸掛6,000＝18,500

本問のポイント　臨時償却，交換，総合償却

▼**解　説**▼　（単位：千円）

ア．正しい

（借）機 械 減 価 償 却 費　7,560(*1)	（貸）機械減価償却累計額　7,560

(*1)　@1,890(*2)×4コマ＝7,560

(*2)　見直後1コマ当たりの減価償却費：

　　　(55,000×0.9－減価償却累計額30,600(*3))÷10コマ(*4)＝@1,890

(*3)　@900(*5)×34コマ(*6)＝30,600

(*4)　$\dfrac{4\times(4+1)}{2}$＝10コマ

(*5)　見直前1コマ当たりの減価償却費：55,000×0.9÷55コマ(*7)＝@900

(*6)　10＋9＋8＋7＝34コマ

(*7)　$\dfrac{10\times(10+1)}{2}$＝55コマ

イ．誤 り

（借）**修　　繕　　費**(注) 800	（貸）現 金 預 金　800

（注）耐震検査に係る支出は固定資産の価値を増加させるものではないため，
　　収益的支出として当期の費用とする。

ウ．正しい

　　時価で売却し，売却代金で買掛金の決済を行ったと考える。

（借）現　金　預　金	60,000	（貸）土　　　　　　　地	10,000
		土 地 売 却 益	50,000
（借）買　　掛　　金	60,000	（貸）現　金　預　金	60,000

エ．誤　り

| （借）土　　　　　　地 100,000 (*1) | （貸）土　　　　　　地 | 100,000 |

（*1）自己所有の固定資産と交換に固定資産を取得した場合には，等価交換を
　　　前提としているため，交換に供された固定資産の適正な帳簿価額をもって
　　　取得原価とする。

オ．正しい

| （借）機 械 減 価 償 却 費 162 (*1) | （貸）機械減価償却累計額 | 162 |

（*1）(200＋400＋300)×0.9÷平均耐用年数5年(*2)＝162

（*2）(200＋400＋300)×0.9÷162(*3)＝5年

（*3）200×0.9÷4年＋400×0.9÷5年＋300×0.9÷6年＝162

本問のポイント　資本的支出，償却方法の変更，直接法

▼**解　説**▼　（単位：千円）

1．仕訳処理

　(1) 建　物（資本的支出）

（借）建　　　　　物	80,000(*1)	（貸）修　　繕　　費	80,000
（借）建物減価償却費	16,800(*2)	（貸）建物減価償却累計額	16,800

(*1) $120,000 \times \dfrac{\text{延長耐用年数10年}}{\text{修繕後の残存耐用年数15年(*3)}} = 80,000$

(*2) $\{(800,000 + 80,000(*1)) \times 0.9 - \text{前T/B 建物減価償却累計額}540,000\}$

$\div 15\text{年}(*3) = 16,800$

(*3)（20年－経過年数15年）＋延長耐用年数10年＝15年

　(2) 車　両（直接法）

（借）車両減価償却費	5,400(*1)	（貸）車　　　　　両	5,400

(*1) $42,000(*2) \times 0.9 \times \dfrac{3\text{コマ}}{21\text{コマ}(*3)} = 5,400$

(*2) 取得原価をXとおくと，

$$X - X \times 0.9 \times \dfrac{6\text{コマ} + 5\text{コマ} + 4\text{コマ}}{21\text{コマ}(*3)} = 15,000 \leftarrow \text{前T/B 車両}$$

$$\therefore \quad X = 42,000$$

(*3) $\dfrac{6 \times (6+1)}{2} = 21\text{コマ}$

　(3) 備　品（減価償却方法の変更）

（借）備品減価償却費	4,120(*1)	（貸）備品減価償却累計額	4,120

(*1)（64,000×0.9－前T/B 備品減価償却累計額37,000）

$\div$（8年－経過年数3年）＝4,120

2．解答数値の算定

　　建物減価償却費16,800＋車両減価償却費5,400

＋備品減価償却費4,120＝26,320

本問のポイント　　圧縮記帳，買換(値引)の処理

▼解　説▼　　(単位：円)

1．機　械（圧縮記帳）

（借） **機械減価償却費 2,700,000**(*1)	（貸） 機械減価償却累計額 2,700,000

(*1)（取得原価40,000,000−圧縮額10,000,000）×0.9÷10年＝2,700,000

2．備　品（買換）

(1) 買換時（×5年11月30日）

（借） 備品減価償却累計額 4,625,000(*1)	（貸） 備　　　　　品 8,000,000
備品減価償却費　562,500(*2)	備 品 売 却 益　187,500(*3)
備　　　品10,800,000(*4)	現　　　　　金 7,800,000(*5)

(*1)　8,000,000−8,000,000×（1−0.250)³＝4,625,000

(*2)（8,000,000−4,625,000(*1)）×0.250

$$\times \frac{8 ヶ月（×5.4〜×5.11）}{12ヶ月} ＝562,500$$

(*3)　時価3,000,000(*6)−売却時の簿価2,812,500(*7)＝187,500

(*4)　現金正価11,400,000

　　　　　−（下取価額3,600,000−時価3,000,000(*6)）＝10,800,000

(*5)　現金正価11,400,000−下取価額3,600,000＝7,800,000

(*6)　売却時の簿価2,812,500(*7)＋187,500＝3,000,000

(*7)　8,000,000−4,625,000(*1)−562,500(*2)＝2,812,500

(2) 減価償却（決算整理）

（借） **備品減価償却費　900,000**(*8)	（貸） 備品減価償却累計額　900,000

(*8)　10,800,000(*4)×0.250×$\dfrac{4ヶ月（×5.12〜×6.3）}{12ヶ月}$＝900,000

3．解答数値の算定

　　機械2,700,000＋備品（562,500＋900,000）＝4,162,500

 問題 **17**

正解 **3**

本問のポイント 所有権移転外ファイナンス・リース取引

▼**解 説**▼ （単位：円）

1．仕訳処理（解答上，必要な仕訳のみ示す）

(1) ×1年7月1日

```
(借) リ ー ス 資 産 4,000,000 (*1) (貸) リ ー ス 債 務 4,000,000
```

(*1) 見積現金購入価額4,000,000

　　　　　　　　＜ 借手の追加借入利子率による割引現在価値 4,045,000

　　　　　　　　⟶ ∴ 4,000,000

(2) ×1年12月31日（決算日）

```
(借) リース資産減価償却費  400,000 (*2) (貸) リース資産減価償却累計額  400,000
(借) 支 払 利 息  100,000 (*3) (貸) 未 払 利 息  100,000
```

(*2) $4,000,000(*1) \div リース期間5年 \times \dfrac{6ヶ月(×1.7～×1.12)}{12ヶ月} = 400,000$

(*3) $×2.6/30利息分200,000(*4) \times \dfrac{6ヶ月(×1.7～×1.12)}{12ヶ月(×1.7～×2.6)} = 100,000$

(*4) $4,000,000(*1) \times 5\% = 200,000$

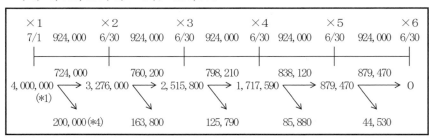

（注）利息は最終年度で調整している。

(3) ×2年1月1日

(借)	未　払　利　息	100,000	(貸)	支　払　利　息	100,000 (*3)

(4) ×2年6月30日

(借)	支　払　利　息	200,000 (*4)	(貸)	現　金　預　金	924,000
	リ　ー　ス　債　務	724,000			

(5) ×2年12月31日（決算日）

(借)	リース資産減価償却費	800,000 (*5)	(貸)	リース資産減価償却累計額	800,000
(借)	支　払　利　息	81,900 (*6)	(貸)	未　払　利　息	81,900

(*5) 4,000,000 (*1) ÷ リース期間5年＝800,000

(*6) ×3.6/30利息分163,800 × $\dfrac{6 \text{ヶ月} (\text{×}2.7 \sim \text{×}2.12)}{12 \text{ヶ月} (\text{×}2.7 \sim \text{×}3.6)}$ ＝81,900

2．解答数値の算定

減価償却費800,000 (*5)

　　　　＋支払利息（－100,000 (*3) ＋200,000 (*4) ＋81,900 (*6)）＝981,900

| 本問のポイント | リース料の前払 |

▼解 説▼ （単位：千円）

Ⅰ．期首残高試算表

期首残高試算表

リ ー ス 資 産	100,000	未 払 利 息	6,145(*1)
		リ ー ス 債 務	17,045(*2)
		リース債務（固定）	59,765(*3)
		リース資産減価償却累計額	20,000(*4)

(*1) ×3年度返済前元本76,810(*5)×8％＝6,144.8 → 6,145（四捨五入）

(*2) 23,190－6,145(*1)＝17,045

(*3) ×3年度返済前元本76,810(*5)

　　　　　　　　　　　　　－×3年度元本返済分17,045(*2)＝59,765

(*4) 100,000÷リース期間5年×経過年数1年（×2.4～×3.3）＝20,000

(注) 所有権移転外ファイナンス・リース取引の場合，耐用年数を「リース期間」とし，残存価額を「ゼロ」として減価償却を行う。

(*5) ×2年度返済前元本100,000－リース料23,190＝76,810

(注) リース料の前払いの場合，第1回目のリース料の支払は「全額，元本であるリース債務の返済」とする。

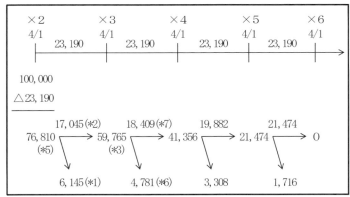

(*6) ×4年度返済前元本59,765(*3)×8％＝4,781.2 → 4,781（四捨五入）

(*7) 23,190－4,781(*6)＝18,409

(注) 利息は最終年度で調整している。

Ⅱ．仕訳処理

1．×3年4月1日（再振替仕訳及びリース料の支払日）

（借）未　払　利　息	6,145（*1）	（貸）支　払　利　息	6,145
（借）支　払　利　息	6,145（*1）	（貸）現　金　預　金	23,190
リ　ー　ス　債　務	17,045（*2）		

2．×4年3月31日（決算日）

（借）支　払　利　息	4,781	（貸）未　払　利　息	4,781（*6）
（借）リース債務（固定）	18,409	（貸）リ　ー　ス　債　務	18,409（*7）
（借）リース資産減価償却費	20,000（*8）	（貸）リース資産減価償却累計額	20,000

（注）決算において，当期に帰属する支払利息を計上するために見越し計上が
　　　必要となる点に注意すること。

（*8）100,000÷リース期間5年＝20,000

Ⅲ．決算整理後残高試算表

決算整理後残高試算表

リ　ー　ス　資　産	100,000	未　払　利　息	4,781
リース資産減価償却費	**20,000**	リ　ー　ス　債　務	18,409
支　払　利　息	**4,781**	**リース債務（固定）**	**41,356**
		リース資産減価償却累計額	40,000

Ⅳ．解答数値の算定

P/L 費用（リース資産減価償却費20,000＋支払利息4,781）

　　　　　　＋B/S 固定負債（リース債務（固定）41,356）＝66,137

問題 19　　正解 2

本問のポイント　ソフトウェアの減価償却

▼解　説▼　(単位：千円)

1．取得原価の算定

(1) ソフトウェアA

昨年度の製品マスターの制作費45,000＋人件費125,000×(1－60%)
＋機械減価償却費20,000×(1－40%)
＋その他経費55,000×(1－40%)＝140,000

(2) ソフトウェアB

人件費101,250×(1－60%)＋機械減価償却費40,000×(1－40%)
＋その他経費80,000×(1－40%)＝112,500

2．減価償却費の算定

(1) ソフトウェアA

① 見込販売数量に基づく減価償却費

$$140,000\times\frac{35,000\text{個}}{35,000\text{個}+20,000\text{個}+15,000\text{個}}=70,000$$

② 残存有効期間に基づく均等配分額

140,000÷3年＝46,666.666… → 46,667 (四捨五入)

① ＞ ② ⟶ ∴ ① 70,000

(2) ソフトウェアB

① 見込販売数量に基づく減価償却費

$$112,500\times\frac{10,000\text{個}}{10,000\text{個}+15,000\text{個}+25,000\text{個}}=22,500$$

② 残存有効期間に基づく均等配分額

112,500÷3年＝37,500

① ＜ ② ⟶ ∴ ② 37,500

3．解答数値の算定

ソフトウェアA70,000＋ソフトウェアB37,500＝107,500

VI 無形固定資産・繰延資産

正解 **1**

本問のポイント のれん, 繰延資産の償却

▼解 説▼ （単位：千円）

Ⅰ．決算整理仕訳

　1．期中未処理事項

（借）現 金 預 金 155,000	（貸）自 己 株 式 150,000
	その他資本剰余金 5,000
（借）株 式 交 付 費 6,300	（貸）現 金 預 金 6,300

　2．決算整理事項

　　(1) のれんの償却

（借）の れ ん 償 却 額 6,000(*1)	（貸）の れ ん 6,000

(*1) 前T/B 112,500 × $\dfrac{12 \text{ヶ月}（×3.4～×4.3）}{225 \text{ヶ月}（×3.4～×21.12）}$ ＝6,000

(注) のれんの最長償却期間は20年である。

　　(2) 借地権

仕 訳 な し

(注) 借地権については償却不要である。

　　(3) 創立費の償却

（借）創 立 費 償 却 15,000(*2)	（貸）創 立 費 15,000

(*2) 前T/B 45,000 ÷ (5年－過年度償却年数2年) ＝15,000

(注) 創立費の最長償却期間は5年である。

　　(4) 開発費の償却

（借）開 発 費 償 却 30,000(*3)	（貸）開 発 費 30,000

(*3) 前T/B 140,000 × $\dfrac{12 \text{ヶ月}（×3.4～×4.3）}{56 \text{ヶ月}（×3.4～×7.11）}$ ＝30,000

(注) 開発費の最長償却期間は5年である。

(5) 株式交付費の償却

| （借）株式交付費償却 | 175(*4) | （貸）株 式 交 付 費 | 175 |

(*4) $6,300 \times \dfrac{1 \text{ヶ月（×4.3）}}{36 \text{ヶ月（×4.3～×7.2）}} = 175$

（注）株式交付費の最長償却期間は３年である。

Ⅱ．解答数値の算定

（A） 前T/B（のれん112,500＋借地権48,000）－のれん償却額6,000(*1)

$= 154,500$

（B） 前T/B（創立費45,000＋開発費140,000）＋株式交付費6,300

－創立費償却15,000(*2)－開発費償却30,000(*3)

－株式交付費償却175(*4)＝146,125

Ⅵ
無形固定資産・
繰延資産

正解 **1**

本問のポイント　貸倒実績率法，キャッシュ・フロー見積法，財務内容評価法

▼解　説▼　（単位：円）

1．債権A（一般債権，貸倒実績率法）

×4年度末債権期末残高3,972,000×3.3%（*1）＝131,076

（*1）（3.6%（*2）＋1.7%（*3）＋4.6%（*4））÷3＝3.3%

（*2）$\dfrac{\text{×2年度における貸倒実績額}144,000}{\text{×1年度末債権期末残高　}4,000,000}$＝3.6%

（*3）$\dfrac{\text{×3年度における貸倒実績額　}61,200}{\text{×2年度末債権期末残高　}3,600,000}$＝1.7%

（*4）$\dfrac{\text{×4年度における貸倒実績額}197,800}{\text{×3年度末債権期末残高　}4,300,000}$＝4.6%

2．債権B（貸倒懸念債権，財務内容評価法）

（3,000,000（*1）－担保の処分見込額1,268,000

　　　　　　　　　　　－保証による回収見込額1,470,000）×50%＝131,000

（*1）保証による回収見込額1,470,000÷49%＝債権額3,000,000

3．債権C（破産更生債権，財務内容評価法）

1,300,000－担保の処分見込額845,000（*1）

　　　　　　　　　　　－保証による回収見込額325,000（*2）＝130,000

（*1）1,300,000×65%＝845,000

（*2）1,300,000×25%＝325,000

4．債権D（貸倒懸念債権，キャッシュ・フロー見積法）

$1,420,000 - 1,289,829 (*1) = 130,171$

(*1) $\dfrac{14,200 (*2)}{1.06} + \dfrac{1,434,200 (*3)}{(1.06)^2} = 1,289,829.120\cdots$

$\to\ 1,289,829 （四捨五入）$

(*2)　$1,420,000 \times 1\% = 14,200$

(*3)　$1,420,000 + 14,200 (*2) = 1,434,200$

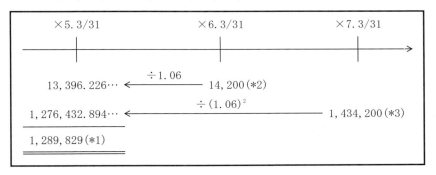

5．解答数値の算定

債権A 131,076 ＋ 債権B 131,000 ＋ 債権C 130,000

＋ 債権D 130,171 ＝ 522,247

問題 **22**

正解 **1**

本問のポイント 賞与，役員賞与，修繕引当金

▼解　説▼ （単位：千円）

ア．誤　り

（借）賞 与 引 当 金			8,000	（貸）現 金 預 金			12,000
賞		与	4,000				

（注）当期発生分については「賞与」勘定を用いて，当期の費用とする。

イ．正しい

ウ．正しい

132

MEMO

問題 23

正解 **3**

本問のポイント　退職給付会計

▼**解　説**▼　（単位：千円）

Ⅰ．仕訳処理

（借）退 職 給 付 費 用	10,185(*1)	（貸）退職給付引当金	10,185
（借）退職給付引当金	17,500(*2)	（貸）現　金　預　金	17,500
（借）退職給付引当金	5,000(*3)	（貸）現　金　預　金	5,000

(*1)　勤務費用10,500＋利息費用20,565(*4)－期待運用収益21,480(*5)

　　　　＋未認識過去勤務費用の費用処理額1,500(*6)

　　　　　　　－未認識数理計算上の差異費用処理額900(*7)＝10,185

(*2)　掛金拠出額

(*3)　退職一時金支払額

(*4)　期首退職給付債務685,500×3％＝20,565

(*5)　期首年金資産537,000×4％＝21,480

(*6)　13,500÷（10年－経過年数1年）＝1,500

(*7)　9,000÷10年＝900

(注)　「退職給付に係る会計基準・注7」では，数理計算上の差異の発生額については，当期の発生額を翌期から費用処理することを認めている。　したがって，本問では，過去勤務費用については発生年度から10年間で定額法により費用処理し，数理計算上の差異については発生年度の翌年から10年間で定額法により費用処理する。

Ⅱ．ワークシート

	実　際 × 4 年 3月31日	退職給付 費　用	年金・掛金 支　払　額	予　測 × 5 年 3月31日	数理計算 上の差異	実　際 × 5 年 3月31日
退 職 給 付 債　　務	(685,500)	S (10,500) I (20,565)	P 15,000 P 5,000	(696,565)	(1,880)	(698,445)
年 金 資 産	537,000	R 21,480	P (15,000) C 17,500	560,980	20	561,000
未積立退職給付債務	(148,500)			(135,585)		(137,445)
未認識過去勤務費用	13,500	A (1,500)		12,000		12,000
未認識数理計算上の差異	(9,000)	A 900		(8,100)	1,860	(6,240)
退職給付引当金	(144,000)	(10,185)	22,500	(131,685)	0	(131,685)

（注）　S：勤務費用　　　I：利息費用　　　R：期待運用収益

　　　　P：年金支払額または退職一時金支払額　　　C：掛金拠出額

　　　　A：過去勤務費用及び数理計算上の差異の費用処理額

Ⅲ．解答数値の算定

　　期首退職給付引当金144,000＋10,185(*1)－17,500(*2)－5,000(*3)

$$=131,685$$

 問題 24

本問のポイント 償却原価法，臨時買入償還，端数利息

▼**解　説**▼　（単位：円）

1．仕訳処理

（1）臨時買入償還（×6年8月24日）

（借）社　債　利　息	125,000(*1)	（貸）社　　　　　　債	125,000
（借）社　　　　　　債	29,525,000(*2)	（貸）現　金　預　金	30,180,000(*4)
社　債　利　息	480,000(*3)		
社　債　償　還　損	175,000		

(*1) $(30,000,000 - 28,500,000(*5)) \times \dfrac{5 \text{ヶ月} (\times 6.4 \sim \times 6.8)}{60 \text{ヶ月}} = 125,000$

(*2) $28,500,000(*5) + (30,000,000 - 28,500,000(*5))$

$\times \dfrac{41 \text{ヶ月} (\times 3.4 \sim \times 6.8)}{60 \text{ヶ月}} = 29,525,000$

(*3) $30,000,000 \times 4\% \times \dfrac{146 \text{日} (\times 6.4/1 \sim \times 6.8/24)}{365 \text{日}} = 端数利息 480,000$

(*4) $30,000,000 \times \dfrac{990}{1,000} + 端数利息 480,000(*3) = 利付相場 30,180,000$

(*5) $30,000,000 \times \dfrac{950}{1,000} = 28,500,000$

（2）利払日（×7年3月31日）

（借）**社　債　利　息**	2,800,000(*6)	（貸）現　金　預　金	2,800,000

(*6) $70,000,000(*7) \times 4\% = 2,800,000$

(*7) $100,000,000 - 償還分 30,000,000 = 70,000,000$

(3) 決算整理（×7年3月31日）

| (借) | 社　債　利　息 | 700,000(*8) | (貸) | 社 | 債 | 700,000 |
| (借) | 社 | 債69,300,000(*10) | (貸) | 一年内償還社債 | 69,300,000 |

$(*8)$ $(70,000,000(*7) - 66,500,000(*9)) \times \dfrac{12 \text{ヶ月}(\times6.4 \sim \times7.3)}{60 \text{ヶ月}} = 700,000$

$(*9)$ $70,000,000(*7) \times \dfrac{950}{1,000} = 66,500,000$

$(*10)$ $66,500,000(*9) + (70,000,000(*7) - 66,500,000(*9))$

$\times \dfrac{48 \text{ヶ月}(\times3.4 \sim \times7.3)}{60 \text{ヶ月}} = 69,300,000$

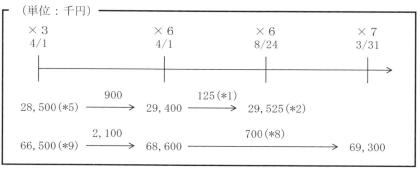

2．解答数値の算定

社債利息$(125,000(*1) + 480,000(*3) + 2,800,000(*6) + 700,000(*8))$

$+$ 社債償還損$175,000 = 4,280,000$

本問のポイント　　株主資本等変動計算書

▼**解　説**▼　（単位：千円）

Ⅰ．仕訳処理（解答上，必要な仕訳のみ示す）

1．×2年6月25日の株主総会

（借）その他資本剰余金 21,800	（貸）資 本 準 備 金 1,800（*1）
	未 払 配 当 金 20,000
（借）繰越利益剰余金 32,700	（貸）利 益 準 備 金 2,700（*2）
	未 払 配 当 金 30,000

(*1)　$4,500(*3) \times \dfrac{20,000}{20,000+30,000} = 1,800$

(*2)　$4,500(*3) \times \dfrac{30,000}{20,000+30,000} = 2,700$

(*3)　資本金$500,000 \times \dfrac{1}{4} -$準備金$(65,000+55,500) = 4,500$

　　　　$(20,000+30,000) \times \dfrac{1}{10} = 5,000$
　　　　　　　　　　　　　　　　　　　　　　∴ 4,500（いずれか小）

2．×2年12月9日の株主総会

（借）資 本 準 備 金 5,000	（貸）資　　本　　金 5,000
（借）資 本 準 備 金 7,000	（貸）その他資本剰余金 7,000
（借）利 益 準 備 金 8,000	（貸）繰越利益剰余金 8,000

3．決算振替仕訳

（借）損　　　　益 35,000	（貸）繰越利益剰余金 35,000

II．株主資本等変動計算書（一部）

	資本金	資本剰余金			利益剰余金		
		資 本 準 備 金	その他資本剰余金	資 本 剰余金 合 計	利 益 準 備 金	繰越利益剰余金	利 益 剰余金 合 計
当期首残高	500,000	65,000	70,000	135,000	55,500	88,700	144,200
当期変動額							
資本金組入	5,000	△5,000		△5,000			
剰余金の配当		1,800	△21,800	△20,000	①2,700	△32,700	△30,000
剰余金への振替		△7,000	7,000	0	△8,000	8,000	0
当期純利益						35,000	35,000
当期変動額合計	5,000	△10,200	△14,800	△25,000	△5,300	10,300	5,000
当期末残高	505,000	② 54,800	55,200	110,000	50,200	③ 99,000	149,200

III．解答数値の算定

　　①2,700＋②54,800＋③99,000＝156,500

| 本問のポイント | 分配可能額の算定 |

▼**解　説**▼　（単位：千円）

1．仕訳処理

（1）任意積立金の取崩

| （借）任 意 積 立 金 | 8,100 | （貸）繰越利益剰余金 | 8,100 |

（2）剰余金の配当

| （借）繰 越 利 益 剰 余 金 | 7,700 | （貸）利 益 準 備 金 | 700 |
| | | 未 払 配 当 金 | 7,000 |

（3）準備金の剰余金への振替

| （借）資 本 準 備 金 | 9,000 | （貸）その他資本剰余金 | 9,000 |

（4）自己株式の取得

| （借）自 己 株 式 | 2,800 | （貸）現 金 預 金 | 2,800 |

（5）自己株式の処分

| （借）現 金 預 金 | 4,400(*1) | （貸）自 己 株 式 | 3,000 |
| | | その他資本剰余金 | 1,400 |

（*1）処分する自己株式3,000＋自己株式処分差益1,400

＝自己株式の処分の対価4,400

2．剰余金の算定

前期B/S（その他資本剰余金6,100＋任意積立金82,700

＋繰越利益剰余金25,200）－剰余金の配当7,700

＋準備金の剰余金への振替9,000＋自己株式処分差益1,400＝116,700

3．分配可能額の算定

剰余金116,700－分配時における自己株式4,300(*2)

－自己株式の処分の対価4,400(*1)

－前期B/S　その他有価証券評価差額金（マイナス残高）3,000

＝105,000

（*2）前期B/S　4,500＋取得2,800－処分3,000＝分配時における自己株式4,300

IX 純資産の部

本問のポイント 剰余金の配当，自己株式，新株予約権

▼**解　説**▼ （単位：千円）

ア．誤　り

（借）その他資本剰余金	4,280(*1)	（貸）未　払　配　当　金	20,000
繰越利益剰余金	17,120(*2)	資　本　準　備　金	280(*3)
		利　益　準　備　金	1,120(*4)

(*1) $20,000 \times 20\% + 280(*3) = 4,280$

(*2) $20,000 \times 80\% + 1,120(*4) = 17,120$

(*3) $1,400(*5) \times 20\% = 280$

(*4) $1,400(*5) \times 80\% = 1,120$

(*5) 資本金$1,000,000 \times \dfrac{1}{4} -$ 準備金$(200,000+48,600) = 1,400$

$20,000 \times \dfrac{1}{10} = 2,000$

　　　→∴1,400
　　　（いずれか小）

イ．誤　り

（借）当　座　預　金	33,000(*1)	（貸）自　己　株　式	35,000(*2)
その他資本剰余金	2,000		

(*1) @66×500株＝33,000

(*2) @70×500株＝取得原価35,000

(注) 取得に要した付随費用は自己株式の取得原価に含めない。

ウ．誤　り

仕　　訳　　な　　し

(注) 役員賞与は発生時に費用として処理されるので，前期末に以下の仕訳が行われており，定時株主総会での承認時には仕訳は行われない。

（借）役員賞与引当金繰入額	5,000	（貸）役員賞与引当金	5,000

エ．誤 り

(借)	当 座 預 金	360,000(*1)	(貸)	資 本 金	188,000(*3)
	新 株 予 約 権	60,000(*2)		資 本 準 備 金	188,000
				自 己 株 式	44,000(*4)

(*1) 600,000×60%＝360,000

(*2) 100,000×60%＝60,000

(*3)（新株に対する払込金額378,000(*5)

$$-自己株式処分差損相当額2,000(*6)）\times \frac{1}{2}＝188,000$$

(注) 自己株式処分差損相当額が発生する場合，資本金等増加限度額は新株に対する払込金額から自己株式処分差損相当額を控除した金額となる。なお，払込金額総額から自己株式の帳簿価額を控除した金額として算定することもできる。

(*4) @88×500株＝44,000

$$(*5)（360,000(*1)＋60,000(*2)）\times \frac{4,500株}{4,500株＋500株}＝378,000$$

(*6) 44,000(*4)－自己株式の処分の対価42,000(*7)＝2,000

$$(*7)（360,000(*1)＋60,000(*2)）\times \frac{500株}{4,500株＋500株}＝42,000$$

オ．正しい

(借)	当 座 預 金	20,000	(貸)	投 資 有 価 証 券	20,000

(注) 株主がその他資本剰余金の処分による配当を受け，配当の対象となる有価証券が売買目的有価証券以外である場合，原則として配当受取額を有価証券の帳簿価額から減額する。

問題 28

本問のポイント 新株予約権付社債，自己株式

▼**解 説**▼ （単位：千円）

1．発行時（×1年4月1日）

(借) 現 金 預 金	300,000(*1)	(貸) 社	債	270,000(*2)
		新 株 予 約 権		30,000(*3)

(*1) 新株予約権付社債の発行価額

(*2) $300,000(*1) \times \dfrac{@90円}{@100円} = 270,000$

(*3) 貸借差額

2．権利行使時（×3年3月31日）

(借) 社 債 利 息	2,400(*4)	(貸) 社	債	2,400
(借) 社 債	112,800(*5)	(貸) 自 己 株 式		96,000(*7)
新 株 予 約 権	12,000(*6)	**その他資本剰余金**		**28,800**
		（自己株式処分差益）		

(*4) $(300,000 - 270,000(*2)) \times 40\% \times \dfrac{12ヶ月（×2.4〜×3.3）}{60ヶ月（×1.4〜×6.3）} = 2,400$

(*5) $270,000(*2) \times 40\% + (300,000 - 270,000(*2)) \times 40\%$

$$\times \dfrac{24ヶ月（×1.4〜×3.3）}{60ヶ月（×1.4〜×6.3）} = 112,800$$

(*6) $30,000(*3) \times 40\% = 12,000$

(*7) 自己株式の帳簿価額@80×処分株式数1,200株(*8)＝96,000

(*8) 3,000口×40%×@1個×@1株＝1,200株

正解 **3**

| 本問のポイント | 為替予約(振当処理) |

▼**解　説**▼　(単位：円)

1．仕訳処理

(1)　×2年10月1日（借入日）

| (借) 現　金　預　金 48,800,000(*1)　(貸) 長　期　借　入　金 48,800,000 |

(*1)　400,000ドル×122円／ドル＝48,800,000

(2)　×2年12月1日（予約日）

| (借) 長　期　借　入　金　1,200,000(*2)　(貸) **為　替　差　損　益**　　**800,000**(*3)
　　　　　　　　　　　　　　　　　　　　　　　長　期　前　受　収　益　　　400,000(*4) |

(*2)　400,000ドル×(122円／ドル－FR119円／ドル)＝1,200,000

(*3)　400,000ドル×(122円／ドル－120円／ドル)＝800,000　← 直々差額

(*4)　400,000ドル×(120円／ドル－FR119円／ドル)＝400,000　← 直先差額

(3)　×3年3月31日（決算日）

| (借) 長　期　前　受　収　益　　80,000　　　(貸) **為　替　差　損　益**　　**80,000**(*5) |

(*5)　$400,000(*4) \times \dfrac{4 ヶ月 (×2.12～×3.3)}{20 ヶ月 (×2.12～×4.7)} = 80,000$

2．解答数値の算定

800,000(*3)＋80,000(*5)＝880,000

問題 30

正解 **4**

本問のポイント　　前渡金，為替予約(振当処理),CR換算

▼解　説▼　（単位：千円）

1．決算整理前残高試算表の空欄推定

　　前受収益：300 ← 後述（2．（2）② ⅰ 参照）

2．仕訳処理

　（1）未処理事項

　　　①　手付金支払時

(借) 前　　渡　　金	5,100(*1)	(貸) 現　金　預　金	5,100

（*1）50千ドル×102円／ドル＝5,100

　　　②　仕入時

(借) 仕　　　　　入	36,300	(貸) 前　　渡　　金	5,100(*1)
		買　　掛　　金	31,200(*2)

（*2）300千ドル×104円／ドル＝31,200

　　　③　買掛金決済時

(借) 買　　掛　　金	31,200(*2)	(貸) 現　金　預　金	30,000(*3)
		為　替　差　損　益	1,200

（*3）300千ドル×100円／ドル＝30,000

(2) 決算整理事項

① 売上原価の算定

(借)	仕		入	70,000	(貸)	繰	越	商	品	70,000
(借)	繰	越	商	品	50,500(*4)	(貸)	仕		入	50,500

(*4) 25,000＋250千ドル×102円／ドル＝50,500

② ×2年2月2日発生買掛金

　i　予約時（処理済）

(借)	買	掛	金	450(*5)	(貸)	為 替 差 損 益			150(*6)
						前	受	収 益	300(*7)

(*5) 150千ドル×(105円／ドル－ＦＲ102円／ドル)＝450

(*6) 150千ドル×(105円／ドル－104円／ドル)＝150 ← 直々差額

(*7) 150千ドル×(104円／ドル－ＦＲ102円／ドル)＝300 ← 直先差額

　ii　決算時

(借)	前 受 収 益	75	(貸)	為 替 差 損 益	75(*8)

(*8) $300(*7) \times \dfrac{1 ヶ月（×2.3）}{4 ヶ月（×2.3～×2.6）} = 75$

③ ×2年3月15日発生買掛金

(借)	為 替 差 損 益	260(*9)	(貸)	買		掛	金	260

(*9) 260千ドル×(ＣＲ109円／ドル－108円／ドル)＝260

3．決算整理後残高試算表

決算整理後残高試算表（一部）

売	掛	金	224,000	買 掛 金		300,260
繰 越 商 品			50,500	前 受 収 益		225
仕		入	875,800	売 上		1,435,000
為 替 差 損 益			2,485			

4．解答数値の算定

売上高1,435,000－売上原価875,800－為替差損2,485＝経常利益556,715

問題 31

正解 **2**

本問のポイント 在外支店の換算

▼**解　説**▼ （単位：千円）

1．支店貸借対照表の換算

貸　借　対　照　表

科　　目	外　貨 （千ドル）	換算レート （円/ドル）	円　貨	科　　目	外　貨 （千ドル）	換算レート （円/ドル）	円　貨
現　　金	30	95(*1)	2,850	本　　店	48	—	4,430 (*4)
売　掛　金	44	95(*1)	4,180	当期純利益	∴ 38	—	3,722
商　　品	6	96(*2)	576				
備　　品	6	91(*3)	546				
合　　計	86	—	8,152	合　　計	86	—	8,152

（*1）当期決算日の為替相場

（*2）商品取得時の為替相場

（*3）備品取得時の為替相場

（*4）本店後T/B 支店勘定より

2．支店損益計算書の換算

損　益　計　算　書

科　　目	外　貨 （千ドル）	換算レート （円/ドル）	円　貨	科　目	外　貨 （千ドル）	換算レート （円/ドル）	円　貨
売上原価	100	—	9,224 (*6)	売　　上	154	94(*5)	14,476
備品減価償却費	1	91(*3)	91				
諸　費　用	15	94(*5)	1,410				
為替差損	—		∴ 29				
当期純利益	38	—	3,722 (*7)				
合　　計	154	—	14,476	合　　計	154	—	14,476

（*5）期中平均為替相場

（*6）本店後T/B 支店売上9,800－支店期末商品576＝9,224

（*7）B/S 当期純利益より

148

3．合併整理仕訳

（1）内部取引の相殺

| （借）支　店　売　上 | 9,800(*8) | （貸）売　上　原　価
（本　店　仕　入） | 9,800 |

(*8) 本店後T/B 支店売上より

（2）内部利益の調整（直接控除法を仮定する）

| （借）売　上　原　価
（繰延内部利益控除） | 96(*9) | （貸）商　　　　　品
（繰延内部利益） | 96 |

(*9) 支店期末商品576×$\dfrac{0.2}{1.2}$＝96

4．解答数値の算定（単位：千円）

本店利益（売上49,600＋支店売上9,800－売上原価43,600－諸費用2,600）

＋支店利益3,722(*7)－繰延内部利益控除96(*9)＝16,826

5．全社単位の損益計算書（参考）

損　益　計　算　書

科　　目	円　　貨	科　　目	円　　貨
売 上 原 価	43,120(*11)	売　　　　上	64,076(*10)
減 価 償 却 費	91(*12)		
諸　費　用	4,010(*13)		
為 替 差 損	29(*12)		
当期純利益	∴16,826		
合　　計	64,076	合　　計	64,076

(*10)本店後T/B 49,600＋支店P/L 14,476＝64,076

(*11)本店後T/B 43,600＋支店P/L 9,224－9,800(*8)＋96(*9)＝43,120

(*12)支店P/L より

(*13)本店後T/B 2,600＋支店P/L 1,410＝4,010

本問のポイント　在外子会社の換算

▼解　説▼　（単位：千円）

1．当期の株主資本等変動計算書（利益剰余金のみ）の換算

株主資本等変動計算書

科　　　目	外　貨 (千ドル)	レート (円/ドル)	円　貨	科　　　目	外　貨 (千ドル)	レート (円/ドル)	円　貨
配　当　金	1,000	110 (*3)	110,000	利剰金当期首残高	2,800	—	336,400 (*1)
利剰金当期末残高	7,800	—	904,400	当期純利益	6,000	113 (*2)	678,000
合　　　計	8,800	—	1,014,400	合　　　計	8,800	—	1,014,400

(*1)　第1期当期純利益1,000千ドル×第1期AR124円／ドル

　　　＋第2期当期純利益1,800千ドル(*4)×第2期AR118円／ドル＝336,400

(*2)　第3期AR

(*3)　配当確定時の為替相場

(*4)　第2期末利益剰余金2,800千ドル

　　　　　　　　－第1期末利益剰余金1,000千ドル＝1,800千ドル

2. 貸借対照表項目の換算

貸　借　対　照　表
×4年3月31日

科　　　　目	外　貨 (千ドル)	レート (円/ドル)	円　　　貨	科　　　　目	外　貨 (千ドル)	レート (円/ドル)	円　　　貨
現金預金	2,000	109 (*5)	218,000	買　掛　金	8,800	109 (*5)	959,200
売　掛　金	7,000	109 (*5)	763,000	短期借入金	8,200	109 (*5)	893,800
商　　　品	4,800	109 (*5)	523,200	資　本　金	20,000	125 (*6)	2,500,000
固定資産	31,000	109 (*5)	3,379,000	利益剰余金	7,800	—	904,400 (*7)
				為替換算調整勘定	—	—	△374,200 (*8)
合　　　計	44,800	109	4,883,200	合　　　計	44,800	109	4,883,200

(*5)　第3期CR

(*6)　S社設立時の為替相場

(*7)　株主資本等変動計算書の利益剰余金当期末残高より

(*8)（資本金20,000千ドル＋利益剰余金7,800千ドル）

　　　　×第3期CR109円／ドル

　　　　　－（資本金2,500,000＋利益剰余金904,400）＝△374,200

本問のポイント 特殊仕訳帳制，大陸式締切法，二重仕訳控除

▼解　説▼　（単位：千円）

1．普通仕訳帳（合計転記は◎，個別転記は○，転記不要は√）

期　中	√	（借）当 座 預 金	19,960	（貸）受 取 手 形			20,000	○
仕　訳	○	手 形 売 却 損	40					
	◎	（借）当 座 預 金	65,960	（貸）売		上	16,000	√
				売	掛	金	30,000	◎
				諸		口	19,960	√
	√	（借）仕 入	9,000	（貸）当 座 預 金			49,000	◎
	◎	買 掛 金	18,000					
	√	諸 口	22,000					
	√	（借）当 座 預 金	16,000	（貸）売		上	96,000	◎
合　計	◎	売 掛 金	70,000					
	√	諸 口	10,000					
仕　訳	◎	（借）仕 入	75,000	（貸）当 座 預 金			9,000	√
				買	掛	金	58,000	◎
				諸		口	8,000	√
	◎	（借）受 取 手 形	35,000	（貸）売	掛	金	25,000	◎
				諸		口	10,000	√
	◎	（借）買 掛 金	20,000	（貸）支 払 手 形			28,000	◎
	√	諸 口	8,000					

2．二重仕訳控除金額

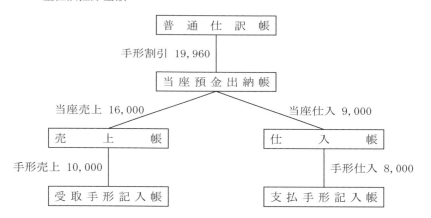

3．解答数値の算定

（A）二重仕訳控除金額：19,960＋16,000＋9,000＋10,000＋8,000＝62,960

（B）総勘定元帳の借方に合計転記される金額：65,960＋18,000

$$+70,000＋75,000＋35,000＋20,000＝283,960$$

本問のポイント　補助簿，特殊仕訳帳制，一部当座取引

▼解　説▼

ア．正しい

イ．誤　り

　仕入先元帳における各人名勘定の残高を合計すれば，総勘定元帳における買掛金勘定の残高と一致する。

ウ．正しい

エ．誤　り

　一部当座取引を単純分解して記入した場合，普通仕訳帳に記入された仕訳は個別転記される。

オ．正しい

問題 35

本問のポイント 未達取引, 内部利益

▼**解 説**▼ （単位：千円）

1. 当期末における未達取引

（1）本 店

（借）営	業	費	5,800	（貸）支				店	5,800

（2）支 店

（借）本	店	仕	入	2,860	（貸）本			店	2,860
（借）本			店	20,000	（貸）売		掛	金	20,000

2. 損益計算書

損 益 計 算 書

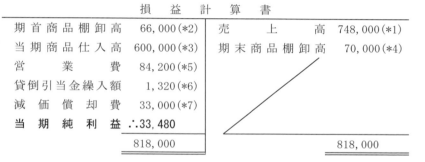

期 首 商 品 棚 卸 高	66,000(*2)	売 上 高	748,000(*1)
当 期 商 品 仕 入 高	600,000(*3)	期 末 商 品 棚 卸 高	70,000(*4)
営 業 費	84,200(*5)		
貸 倒 引 当 金 繰 入 額	1,320(*6)		
減 価 償 却 費	33,000(*7)		
当 期 純 利 益	∴33,480		
	818,000		818,000

(*1) 本店440,000＋支店308,000＝748,000

(*2) 本店期首商品36,000＋支店期首商品33,000÷1.1＝66,000

(*3) 本店前T/B 仕入

(*4) 本店期末商品44,000＋支店期末商品(25,740＋当期末未達2,860)÷1.1

＝70,000

(*5) 本店(44,000＋当期末未達5,800)＋支店34,400＝84,200

(*6) ｛本店72,000＋支店(104,000－当期末未達20,000)｝× 2 ％

－前T/B(本店500＋支店1,300)＝1,320

(*7) (本店500,000＋支店600,000)×0.9÷30年＝33,000

本問のポイント 本店集中，未達取引，照合勘定，内部利益

▼**解　説**▼　（単位：千円）

1．照合勘定の分析

2．未達取引（仕訳の左の番号は未達取引の番号を示す）

(1) 本　店

①	(借) B	支	店	2,000	(貸) A	支	店	2,000
②	(借) A	支	店	440	(貸) B	支	店	440

(2) A支店

②	(借) 本	店	仕	入	440	(貸) 本	店	440

(3) B支店

①	(借) 現	金	預	金	2,000	(貸) 本	店	2,000

3．解答数値の算定

損　益　計　算　書

当 期 商 品 仕 入 高	4,600 (*2)	売　　上　　高	4,200 (*1)
諸　　費　　用	360 (*4)	期 末 商 品 棚 卸 高	1,680 (*3)
当 期 純 利 益	**∴ 920**		
	5,880		5,880

（*1）　A支店1,800＋B支店2,400＝4,200

（*2）　A支店2,600＋B支店2,000＝4,600

（*3）　A支店（200＋220＋未達分440）＋B支店（600＋308）

－内部利益88（*5）＝1,680

（*4）　本店200＋A支店100＋B支店60＝360

（*5）（220＋未達分440＋308）× $\dfrac{0.1}{1.1}$ ＝88

本問のポイント　完成度換算法

▼解　説▼　（単位：千円）

1．売上原価の算定

材　　　料

期　首	30,000	材 料 費　∴	402,000
当期仕入	442,000	期　　末	70,000

仕 掛 品 － 材 料 費　　　　　（FIFO）

期　首		当期完成	
1,500個	75,000	6,500個　∴	410,000
当期投入		期　　末	
6,000個	402,000	1,000個	67,000（*1）

仕 掛 品 － 加 工 費　　　　　（FIFO）

期　首		当期完成	
300個 （*2）	10,400	6,500個　∴	370,000
当期投入		期　　末	
∴ 6,700個	388,600（*4）	500個 （*3）	29,000（*5）

製　　　　　品　　　　（AM）

期　首		当期販売	
1,500個	200,000	6,400個　∴	784,000
当期完成		期　　末	
6,500個	780,000	1,600個	196,000（*6）

(*1)　$402,000 \times \dfrac{1,000個}{6,000個} = 67,000$

(*2)　$1,500個 \times 加工進捗度20\% = 300個$

(*3)　$1,000個 \times 加工進捗度50\% = 500個$

(*4)　賃金260,000＋製造経費（130,000－繰延1,400）＝388,600

(*5)　$388,600(*4) \times \dfrac{500個(*3)}{6,700個} = 29,000$

(*6)　$(200,000＋780,000) \times \dfrac{1,600個}{1,500個＋6,500個} = 196,000$

２．解答数値の算定

　　売上高@200×6,400個－売上原価784,000＝496,000

本問のポイント　内部利益の計算

▼解　説▼　（単位：円）

1．工場の棚卸資産に含まれる内部利益

（1）材　料

$$1,200,000 \times \frac{0.2}{1.2} = 200,000$$

（2）仕掛品

$$1,600,000 \times 材料費の割合60\% \times \frac{0.2}{1.2} = 160,000$$

（3）製　品

$$2,400,000 \times 材料費の割合40\% \times \frac{0.2}{1.2} = 160,000$$

2．本社の製品に含まれる内部利益

（1）工場付加分

$$1,440,000 \times \frac{0.2}{1.2} = 240,000$$

（2）本社付加分

$$1,440,000 \times \frac{1}{1.2} \times 材料費の割合40\% \times \frac{0.2}{1.2} = 80,000$$

3．解答数値の算定

$$200,000 + 160,000 + 160,000 + 240,000 + 80,000 = 840,000$$

本問のポイント　　直接法

▼**解　説**▼　（単位：千円）

1．個別キャッシュ・フロー計算書（営業活動まで）

個別キャッシュ・フロー計算書

自×4年1月1日　至×4年12月31日

Ⅰ　営業活動によるキャッシュ・フロー

営　業　収　入	39,000	(*1)
原材料又は商品の仕入れによる支出	△　19,600	(*2)
人　件　費　の　支　出	△　6,200	(*3)
そ　の　他　の　営　業　支　出	△　5,000	(*4)
小　　計	8,200	
利息及び配当金の受取額	1,700	(*5)
利　息　の　支　払　額	△　1,300	(*6)
法　人　税　等　の　支　払　額	△　3,000	(*7)
営業活動によるキャッシュ・フロー	∴ 5,600	

（*1）P/L 売上高40,000＋売上債権前期末残高2,000

　　　　　　　　　　　　　　　－売上債権当期末残高3,000＝39,000

（*2）当期商品仕入高19,800（*8）＋仕入債務前期末残高2,600

　　　　　　　　　　　　　　　－仕入債務当期末残高2,800＝19,600

（*3）P/L 人件費6,500＋未払給料前期末残高400－未払給料当期末残高600

　　　　　　　　　　　－役員賞与引当金繰入額500＋役員賞与支払額400＝6,200

（*4）P/L その他の経費

（*5）P/L 受取利息及び受取配当金1,600＋未収利息前期末残高200

　　　　　　　　　　　　　　　－未収利息当期末残高100＝1,700

（*6）P/L 支払利息

（*7）P/L 法人税等3,200＋未払法人税等前期末残高1,200

　　　　　　　　　　　　　　　－未払法人税等当期末残高1,400＝3,000

（*8）P/L 売上原価20,000＋棚卸資産当期末残高2,200

　　　　　　　　　　　　　　　－棚卸資産前期末残高2,400＝19,800

問題 **40**

本問のポイント　間接法

▼**解　説**▼　（単位：千円）

1．備品，投資有価証券及び法人税等に係る仕訳

(1) 備　品

（借）減価償却累計額　27,000(*1)	（貸）備　　　　　　品　50,000
減 価 償 却 費　3,750(*2)	備 品 売 却 益　10,000
現 金 預 金　29,250(*3)	
（借）備　　　　　品 100,000	（貸）現 金 預 金　40,000
	営 業 外 支 払 手 形　60,000
（借）減 価 償 却 費 107,000(*4)	（貸）減価償却累計額 107,000

(*1)　$50,000 \times 0.9 \times \dfrac{3年}{5年} = 27,000$

(*2)　$50,000 \times 0.9 \div 5年 \times \dfrac{5ヶ月（\times 9.1 \sim \times 9.5）}{12ヶ月} = 3,750$

(*3)　貸借差額

(*4)　減価償却累計額増加80,000＋期中減少27,000(*1)＝107,000

減価償却累計額（期首の金額をXとおく）

減　少		期　首　　　　　　X
	27,000(*1)	増　加
期　末　　　X＋80,000		∴　107,000

(2) 投資有価証券

（借）投 資 有 価 証 券　19,340	（貸）現 金 預 金　19,340
（借）投 資 有 価 証 券　　　180	（貸）有 価 証 券 利 息　　　180(*1)

(*1)　$(20,000 - 19,340) \times \dfrac{9ヶ月（\times 9.4 \sim \times 9.12）}{33ヶ月（\times 9.4 \sim \times 11.12）} = 180$

(3) 法人税等

（借）未 払 法 人 税 等　20,000(*1)	（貸）現 金 預 金　20,000
（借）仮 払 法 人 税 等　60,000	（貸）現 金 預 金　60,000
（借）法 人 税 等 100,000(*2)	（貸）仮 払 法 人 税 等　60,000
	未 払 法 人 税 等　40,000(*3)

(*1) 当期末未払法人税等40,000(*3)

　　　　　　－未払法人税等増加20,000＝前期末未払法人税等20,000

(*2) 税引前当期純利益200,000×50％＝100,000

(*3) 100,000(*2)－中間納付60,000＝40,000

2．間接法によるキャッシュ・フロー計算書

　　　　　　　　　　　　（投資活動によるキャッシュ・フローまで）

　　Ⅰ　営業活動によるキャッシュ・フロー

　　　　税 引 前 当 期 純 利 益　　　　　200,000

　　　　減 価 償 却 費　　　　　110,750(*1)

　　　　貸 倒 引 当 金 の 増 加 額　　　　10,000

　　　　受 取 利 息 及 び 受 取 配 当 金　　△　　　180

　　　　有 形 固 定 資 産 売 却 益　　△　　10,000

　　　　売 上 債 権 の 増 加 額　　△　100,000

　　　　棚 卸 資 産 の 減 少 額　　　　50,000

　　　　仕 入 債 務 の 減 少 額　　△　　30,000

　　　　　　　小　　　　計　　　　　230,570

　　　　法 人 税 等 の 支 払 額　　△　　80,000(*2)

　　　営業活動によるキャッシュ・フロー　　　**150,570**

　　Ⅱ　投資活動によるキャッシュ・フロー

　　　　有 価 証 券 の 取 得 に よ る 支 出　　△　　19,340

　　　　有形固定資産の取得による支出　　△　　40,000

　　　　有形固定資産の売却による収入　　　　29,250

　　　投資活動によるキャッシュ・フロー　△　　**30,090**

(*1) 3,750＋107,000＝110,750

(*2) 20,000＋60,000＝80,000

3．解答数値の算定

　　営業活動によるＣＦ150,570－投資活動によるＣＦ30,090＝120,480

問題 **41**

本問のポイント 追加取得

▼**解　説**▼ （単位：千円）

1．評価差額の計上

（借）諸　　資　　産	2,000(*1)	（貸）諸　　負　　債	1,000(*2)
		評　価　差　額	1,000

（*1）時価22,000－簿価20,000＝2,000

（*2）時価 8,000－簿価 7,000＝1,000

2．タイム・テーブル

	×1年度末		×2年度末
		60%	
	+60%		+10%
資　本　金	10,000		10,000
利益剰余金	3,000	1,200 / 800 →	5,000
評　価　差　額	1,000		1,000
合　　計	14,000		16,000
取　得　持　分	8,400		1,600
取　得　原　価	9,900		2,650
資　本　剰　余　金			△1,050
の　れ　ん	1,500	△150	1,350

3．連結貸借対照表作成のための×2年度連結修正仕訳

(1) 開始仕訳

(借)	資　本　金	10,000	(貸)	S　社　株　式	9,900
	利 益 剰 余 金	3,000		非支配株主持分	5,600(*1)
	評 価 差 額	1,000			
	の　れ　ん	1,500			

(*1) T/T 資本合計14,000×非支配株主持分比率40％＝5,600

(2) 当期純利益の按分

(借)	利 益 剰 余 金 （非支配株主持分に帰属する当期純損益）	800	(貸)	非支配株主持分	800(*2)

(*2) (×2年度末利益剰余金5,000－×1年度末利益剰余金3,000)

×非支配株主持分比率40％＝800

(3) のれんの償却

(借)	利 益 剰 余 金 （の れ ん 償 却 額）	150(*3)	(貸)	の　れ　ん	150

(*3) 1,500÷10年＝150

(4) 追加取得（10％取得）

(借)	非支配株主持分	1,600(*4)	(貸)	S　社　株　式	2,650
	資 本 剰 余 金 （非支配株主との取引に係る親会社の持分変動）	1,050			

(*4) T/T 資本合計16,000×追加取得比率10％＝1,600

4．解答数値の算定

　　　資 産 総 額：83,800 ← 資産総額（P社66,000＋S社27,000)

　　　　　　　　　　　　　　　　＋時価評価2,000－S社株式(9,900＋2,650)

　　　　　　　　　　　　　　　　＋×2年度末のれん1,350

　　　利益剰余金：16,550 ← 利益剰余金（P社15,500＋S社5,000)

　　　　　　　　　　　　　　　　－3,000－800－150　又は,

　　　　　　　　　P社15,500＋S社T/T(1,200－150)

問題 42

本問のポイント 一部売却

▼解　説▼ （単位：千円）

1．タイム・テーブル

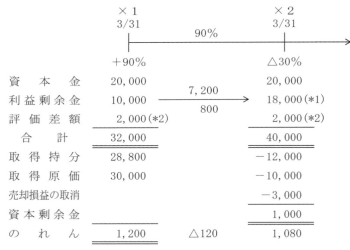

	×1 3/31		×2 3/31
	+90%	90%	△30%
資　本　金	20,000		20,000
利 益 剰 余 金	10,000	7,200 / 800 →	18,000(*1)
評 価 差 額	2,000(*2)		2,000(*2)
合　　計	32,000		40,000
取 得 持 分	28,800		−12,000
取 得 原 価	30,000		−10,000
売却損益の取消			−3,000
資 本 剰 余 金			1,000
の　れ　ん	1,200	△120	1,080

(*1) 前期末利益剰余金10,000＋当期純利益8,000＝18,000

(*2) 時価12,000－簿価10,000＝2,000

2．連結修正仕訳（解答上，必要な仕訳のみ示す）

(1) 個別上の仕訳

（借）現 金 預 金 13,000	（貸）S 社 株 式 10,000(*1)	
	S 社株式売却益 3,000(*2)	

(*1) 取得原価30,000 × $\dfrac{30\%}{90\%}$ ＝10,000

(*2) 売却価額13,000 － 個別上の簿価10,000(*1) ＝ 個別上の売却益3,000

(2) 連結上あるべき仕訳

（借）現 金 預 金 13,000	（貸）非支配株主持分 12,000(*3)	
	資 本 剰 余 金 1,000(*4)	
	（非支配株主との取引に係る親会社の持分変動）	

(*3) ×2年3月31日資本合計40,000 × 売却比率30％ ＝12,000

(*4) 売却価額13,000 － 12,000(*3) ＝ 1,000

(3) 連結修正仕訳

（借）S 社 株 式 10,000(*1)	（貸）非支配株主持分 12,000(*3)	
S 社株式売却益 3,000(*2)	**資 本 剰 余 金 1,000**(*4)	
	（非支配株主との取引に係る親会社の持分変動）	

本問のポイント 増資，持分比率減少

▼解　説▼ （単位：千円）

1. 所有株式数，持分比率及び持分額の変動（評価差額を含む）

	増　資　前			増　資		増　資　後		
	所有株式数	持分比率	持分額	増資株式数	変動比率	所有株式数	持分比率	持分額
P　社	480株	80%	39,600	—	△20%	480株	60%	40,500
非支配株主	120株	20%	9,900	200株	+20%	320株	40%	27,000
合　計	600株	100%	49,500	200株	—	800株	100%	67,500

2. タイム・テーブル

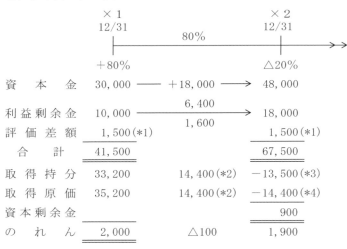

(*1) 時価11,500−簿価10,000＝1,500

(*2) （@90×発行株式数200株）×増資前P社持分比率80%＝14,400

(*3) T/T 資本合計67,500×20%＝13,500

(*4) 14,400(*2)−実際払込額0＝14,400

3．連結修正仕訳（解答上，必要な仕訳のみ示す）

　(1) みなし割当

| （借）資　　　本　　　金 | 18,000 (*5) | （貸）子 会 社 株 式 | 14,400 (*2) |
| | | 非 支 配 株 主 持 分 | 3,600 (*6) |

(*5) @90×発行株式数200株＝18,000

(*6) 18,000 (*5)×増資前非支配株主持分比率20%＝3,600

　(2) みなし売却

（借）子 会 社 株 式	14,400 (*4)	（貸）非 支 配 株 主 持 分	13,500 (*3)
		資 本 剰 余 金	900
		(非支配株主との取引に係る親会社の持分変動)	

　(3) 連結修正仕訳（＝(1)＋(2)）

（借）資　　　本　　　金	18,000 (*5)	（貸）非 支 配 株 主 持 分	17,100 (*7)
		資 本 剰 余 金	**900**
		(非支配株主との取引に係る親会社の持分変動)	

(*7) 増資後非支配株主持分27,000－増資前非支配株主持分9,900＝17,100

本問のポイント 棚卸資産, 債権債務, 貸倒引当金, 固定資産

▼**解 説**▼ （単位：千円）

1．連結修正仕訳（解答上，必要な仕訳のみ示す）

　(1) 貸倒引当金の調整

(借)	貸 倒 引 当 金	1,125(*2)	(貸)	利益剰余金当期首残高	825(*1)
				貸倒引当金繰入額	**300**
(借)	利益剰余金当期首残高	330	(貸)	非支配株主持分当期首残高	330(*3)
(借)	非支配株主持分に帰属する当期純損益	**120(*4)**	(貸)	非支配株主持分当期変動額	120

(*1) 前期末(受取手形25,000＋売掛金30,000)×1.5％＝825

(*2) 当期末(受取手形30,000＋売掛金45,000)×1.5％＝1,125

(*3) 825(*1)×非支配株主持分比率40％＝330

(*4) 300×非支配株主持分比率40％＝120

　(2) 商品に含まれる未実現損益の調整

(借)	利益剰余金当期首残高	4,000	(貸)	売 上 原 価	4,000(*5)
(借)	**売 上 原 価**	**6,000(*6)**	(貸)	商　　　品	6,000
(借)	非支配株主持分当期首残高	1,600(*7)	(貸)	利益剰余金当期首残高	1,600
(借)	非支配株主持分当期変動額	800	(貸)	非支配株主持分に帰属する当期純損益	**800(*8)**

(*5) 期首棚卸高14,000× $\dfrac{0.4}{1.4}$ ＝4,000

(*6) 期末棚卸高21,000× $\dfrac{0.4}{1.4}$ ＝6,000

(*7) 4,000(*5)×非支配株主持分比率40％＝1,600

(*8) (6,000(*6)－4,000(*5))×非支配株主持分比率40％＝800

(3) 備品に含まれる未実現損益の調整

| (借) | **備 品 売 却 益** | 1,000(*9) | (貸) | 備 | 品 | 1,000 |
| (借) | 備品減価償却累計額 | 300 | (貸) | **備 品 減 価 償 却 費** | | 300(*10) |

(*9) 売却価額5,000－(取得原価10,000－減価償却累計額6,000)＝1,000

(*10)1,000(*9)×0.9÷3年＝300

2．解答数値の算定

$$300-120(*4)+4,000(*5)-6,000(*6)$$
$$+800(*8)-1,000(*9)+300(*10)=-1,720$$

本問のポイント 税効果会計，成果連結

▼**解　説**▼　（単位：千円）

1．タイム・テーブル

```
              ×1                    ×3                    ×4
              3/31                  3/31                  3/31
                         25%                   25%
              |────────────────────|────────────────────|
              +25%
資　本　金    540,000               540,000               540,000
資本剰余金     60,000                60,000                60,000
利益剰余金    250,000  ──15,000──→  310,000  31,250 △25,000  335,000
合　　計      850,000               910,000               935,000
持　　分      212,500
評 価 差 額     7,500(*1)
取 得 持 分    220,000
取 得 原 価    240,000
の れ ん       20,000  △1,000×2    18,000   △1,000       17,000
```

(*1)（時価270,000－簿価220,000）×ＰＰ社取得比率25％

×（1－実効税率40％）＝7,500

2．持分法適用仕訳

(1) 開始仕訳

① ×0年度末（25%取得）

　　　　　　　　　　　　　仕　訳　な　し
----

② ×1年度〜×2年度

　ⅰ　投資後利益剰余金の認識

(借) 投 資 有 価 証 券　15,000(*1) (貸) 利益剰余金当期首残高　15,000

(*1)（×2年度末利益剰余金310,000－×0年度末利益剰余金250,000）

×ＰＰ社持分比率25％＝15,000

　ⅱ　のれんの償却

(借) 利益剰余金当期首残高　2,000(*1) (貸) 投 資 有 価 証 券　2,000

(*1) 1,000×2年＝2,000

③　①＋②　→　開始仕訳

（借）投 資 有 価 証 券	13,000	（貸）利益剰余金当期首残高	13,000

（2）当期純利益の認識

（借）投 資 有 価 証 券	31,250(*1)	（貸）持分法による投資損益	31,250

（*1）125,000×ＰＰ社持分比率25％＝31,250

（3）のれんの償却

（借）持分法による投資損益	1,000	（貸）投 資 有 価 証 券	1,000

（4）剰余金の配当

（借）受 取 配 当 金	25,000	（貸）投 資 有 価 証 券	25,000(*1)

（*1）剰余金の配当100,000×ＰＰ社持分比率25％＝25,000

（5）商品に係る未実現損益の調整（アップ・ストリーム）

①　期首商品

（借）利益剰余金当期首残高	500	（貸）持分法による投資損益	500(*1)
（借）持分法による投資損益	200(*2)	（貸）利益剰余金当期首残高	200

（*1）10,000×売上利益率20％×ＰＰ社持分比率25％＝500

（*2）500(*1)×実効税率40％＝200

②　期末商品

（借）持分法による投資損益	600	（貸）商　　　　　品	600(*1)
（借）投 資 有 価 証 券	240(*2)	（貸）持分法による投資損益	240

（*1）12,000×売上利益率20％×ＰＰ社持分比率25％＝600

（*2）600(*1)×実効税率40％＝240

3．解答数値の算定

　　取得原価240,000＋13,000＋31,250－1,000－25,000＋240＝258,490　又は，

　　Ｔ/Ｔ　資本合計935,000×ＰＰ社持分比率25％＋評価差額7,500

　　　　　　　　　＋のれん未償却額17,000＋期末商品240＝258,490

問題 46

本問のポイント　合併

▼解　説▼　（単位：千円）

Ⅰ．交付株式数の算定

B社発行済株式総数1,000株×合併比率0.75＝750株

Ⅱ．合併仕訳

（借）諸　　資　　産	135,750(*1)	（貸）諸　　　負　　　債	50,000(*1)
の　　れ　　ん	5,250(*5)	資　　　本　　　金	75,000(*2)
		資　本　剰　余　金	15,000(*3)
		諸　　　資　　　産	1,000(*4)
		（現　金　預　金）	

(*1) 時価

(*2) 資本金組入額@100×交付発行数750株＝75,000

(*3) (@120－資本金組入額@100)×交付発行数750株＝15,000

(*4) 合併交付金@１×B社発行済株式総数1,000株＝1,000

(*5) 取得原価(90,000(*6)＋1,000(*4))

－取得原価の配分額85,750(*7)＝5,250

(*6) @120×交付株式数750株＝90,000

(*7) 諸資産の時価135,750(*1)－諸負債の時価50,000(*1)＝85,750

Ⅲ．解答数値の算定

のれん5,250＋資本剰余金(合併前A社B/S 20,000＋15,000)＝40,250

本問のポイント 株式交換

▼**解　説**▼ （単位：千円）

Ⅰ．個別上の処理

　1．株式交換の仕訳（払込資本の増加は全額資本金と仮定する）

（借）乙　社　株　式　81,000(*1)　（貸）資　　本　　金　81,000

（*1）甲社株価@135×乙社発行済株式数1,000株×株式交換比率0.6＝81,000

　2．個別貸借対照表

貸 借 対 照 表

借方科目	甲　社	乙　社	貸方科目	甲　社	乙　社
諸　資　産	905,500	50,560	諸　負　債	305,500	15,160
土　　　地	72,000	15,000	資　本　金	381,000	25,000
乙 社 株 式	81,000	—	資本剰余金	150,000	10,000
			利益剰余金	222,000	15,400
合　　計	1,058,500	65,560	合　　計	1,058,500	65,560

Ⅱ．連結上の処理

1．乙社の土地の時価評価

| (借) 土　　　　　　　地 | 6,000 (*2) | (貸) 評　価　差　額 | 6,000 |

(*2) 時価21,000－簿価15,000＝6,000

2．連結修正仕訳（投資と資本の相殺消去）

(借) 資　　本　　金	25,000	(貸) 乙　社　株　式	81,000 (*1)
資　本　剰　余　金	10,000		
利　益　剰　余　金	15,400		
評　価　差　額	6,000 (*2)		
の　　れ　　ん	24,600 (*3)		

(*3) 取得原価81,000 (*1)

　　　　　　－乙社資本合計(25,000＋10,000＋15,400＋6,000 (*2))＝24,600

3．連結貸借対照表

連 結 貸 借 対 照 表

諸　　資　　産	956,060	諸　　　負　　　債	320,660
土　　　　　　地	93,000	資　　　本　　　金	381,000
の　　れ　　ん	24,600	資　本　剰　余　金	150,000
		利　益　剰　余　金	222,000
	1,073,660		1,073,660

Ⅲ．解答数値の算定

　（A）甲社個別貸借対照表に計上されるのれん：0

　（B）連結貸借対照表に計上されるのれん：24,600

本問のポイント　株式移転

▼**解　説**▼　（単位：千円）

Ⅰ．個別上の処理

　1．株式移転の仕訳

（借）A　社　株　式	390,000(*1)	（貸）資　　本　　金	100,000
B　社　株　式	78,000(*2)	資 本 剰 余 金	368,000

（*1）130,000＋52,000＋208,000＝390,000

（注）取得企業株式の取得原価は，企業結合日における取得企業の適正な帳簿価額による株主資本の額に基づいて算定する。

（*2）@780×300株(*4)×B社株主持分比率 $\dfrac{100株(*3)}{300株(*4)}$ ＝78,000

（注）被取得企業（B社）株式の取得原価は，パーチェス法を適用して算定する。ただし，株式移転日においては完全親会社（C社）株式の時価は存在しないため，取得の対価となる財の時価は，被取得企業（B社）の株主が，完全親会社（C社）に対する実際の議決権比率と同じ比率を保有するのに必要な数の取得企業（A社）の株式を，取得企業（A社）が交付したものとみなして算定する。

（*3）B社発行済株式数200株×移転比率0.5＝B社株主への株式交付数100株

（*4）A社発行済株式数200株×1＋B社株式交付数100株(*3)

＝C社発行済株式数300株

　2．個別貸借対照表

貸 借 対 照 表

借方科目	A　社	B　社	C　社	貸方科目	A　社	B　社	C　社
諸 資 産	420,000	45,500		諸 負 債	130,000	13,000	—
土　　地	100,000	13,000	—	資 本 金	130,000	26,000	100,000
A社株式	—	—	390,000	資本剰余金	52,000	7,800	368,000
B社株式	—	—	78,000	利益剰余金	208,000	11,700	
合　　計	520,000	58,500	468,000	合　　計	520,000	58,500	468,000

Ⅱ．連結上の処理

  1．A　社

    (1) 投資と資本の相殺

(借) 資　　本　　金	130,000		(貸) A　社　株　式	390,000(*1)
資　本　剰　余　金	52,000			
利　益　剰　余　金	208,000			

    (2) 利益剰余金の引継

(借) 資　本　剰　余　金 208,000		(貸) 利　益　剰　余　金 208,000

  (注) 連結財務諸表上，完全親会社（C社）は取得企業（A社）の純資産を，
原則として，そのまま引き継ぐ。

  2．B　社

    (1) 時価評価

(借) 土　　　　地 15,600		(貸) 評　価　差　額 15,600(*5)

(*5) 時価28,600－簿価13,000＝15,600

    (2) 投資と資本の相殺

(借) 資　　本　　金 26,000		(貸) B　社　株　式 78,000(*2)
資　本　剰　余　金 7,800			
利　益　剰　余　金 11,700			
評　価　差　額 15,600(*5)			
の　　れ　　ん 16,900(*6)			

(*6) 取得原価78,000(*2)
    －B社資本合計(26,000＋7,800＋11,700＋評価差額15,600(*5))＝16,900

  3．連結貸借対照表

連 結 貸 借 対 照 表

諸　　資　　産	465,500	諸　　負　　債	143,000
土　　　　地	128,600	資　　本　　金	100,000
の　れ　ん	16,900	資　本　剰　余　金	160,000
		利　益　剰　余　金	208,000
	611,000		611,000

本問のポイント 顧客に支払われる対価，返品権付き販売，数量値引きの見積り，契約資産，企業が代理人に該当する場合

▼**解　説**▼　（単位：千円）

ア．　誤　り（顧客に支払われる対価）

(1)　×4年3月1日

(借) 前　　渡　　金	3,600	(貸) 現　金　預　金	3,600

(注)　顧客に支払われる対価が顧客から受領する別個の財又はサービスと交換に支払われるもの以外の場合，取引価格から減額するため，支払時には「前渡金」等で処理する。なお，顧客に支払われる対価が顧客から受領する別個の財又はサービスと交換に支払われるものである場合には，当該財又はサービスを仕入先からの購入と同様の方法で処理する。

(2)　×4年3月20日

(借) 売　　掛　　金	160,000	(貸) 前　　渡　　金	1,440(*1)
		売　　　　上	158,560(*2)

(*1)　$160,000 \times 0.9\%(*3) = 1,440$

(*2)　$160,000 - 1,440(*1) = 158,560$

又は，$160,000 \times (1 - 0.9\%(*3)) = 158,560$

(注)　当社は商品Ａをａ社に販売するにつれて，商品Ａについての取引価格を0.9%(*3)減額する。

(注)　顧客に支払われる対価を取引価格から減額する場合には，(1) 関連する財又はサービスの移転に対する収益を認識する時，又は，(2) 企業が対価を支払うか又は支払を約束する時のいずれか遅い方が発生した時点で（又は発生するにつれて），収益を減額する。本問では，×4年3月1日に対価を支払っているため，商品販売時（×4年3月20日）に収益を減額する。

(*3)　$3,600 \div 400,000 = 0.9\%$

(注)　上記仕訳は以下のように分解して考えてもよい。

①　商品Ａの販売

(借) 売　　掛　　金	160,000	(貸) 売　　　　上	160,000

②　取引価格からの減額

(借) 売　　　　上	1,440	(貸) 前　　渡　　金	1,440(*1)

イ．誤　り（返品権付き販売）

(1)　×4年3月15日（収益の計上）

| （借）現　金　預　金 | 48,000(*1) | （貸）売　　　　　上 | 43,200(*2) |
| | | 返　金　負　債 | 4,800(*3) |

(*1)　@1,200×40個＝48,000

(*2)　@1,200×返品されないと見込む商品B36個＝43,200

(注)　返品されると見込む商品B4個(*4)については収益を認識しない。

(*3)　@1,200×4個(*4)＝4,800

(注)　顧客から受け取った又は受け取る対価の一部あるいは全部を顧客に返金すると見込む場合，受け取った又は受け取る対価の額のうち，企業が権利を得ると見込まない額について，返金負債を認識する。したがって，返品されると見込む商品B4個(*4)について，返金負債を認識する。

(*4)　40個－36個＝4個

(2)　×4年3月15日（原価の計上）

| （借）売　上　原　価 | 32,400(*6) | （貸）棚　卸　資　産 | 36,000(*5) |
| 返　品　資　産 | 3,600(*7) | | |

(*5)　@900×40個＝36,000

(*6)　@900×返品されないと見込む商品B36個＝32,400

(*7)　@900×返品されると見込む商品B4個(*4)＝3,600

(注)　返金負債の決済時に顧客から商品Bを回収する権利について，返品資産を認識する。

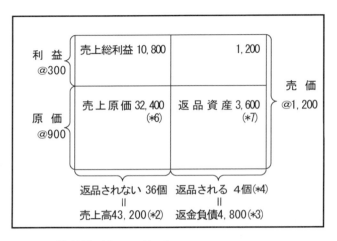

利 益
@300

売上総利益 10,800

1,200

売 価
@1,200

原 価
@900

売上原価 32,400
(*6)

返品資産 3,600
(*7)

返品されない 36個
＝
売上高43,200(*2)

返品される 4個(*4)
＝
返金負債4,800(*3)

ウ． 正しい（数量値引きの見積り）

(1) ×3年12月31日

(借)売　掛　金　14,400　　(貸)売　　　上　14,400(*1)

(*1) @72×200個＝14,400

(注) 変動対価の額に関する不確実性が事後的に解消される際に，解消される時点までに計上された収益の著しい減額が発生しない可能性が高い部分に限り，取引価格に含める。したがって，当社は，1個当たり72千円に基づき収益を認識する。

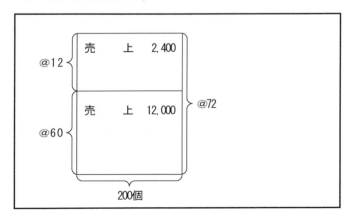

@12

売　　　上　2,400

@60

売　　　上　12,000

@72

200個

(2) ×4年2月1日

(借) 売 掛 金	108,000(*2)	(貸) 売 上	87,600(*3)
		返 金 負 債	20,400(*4)

(*2) @72×1,500個＝108,000

(注) 受け取る対価に対する現在の権利を有している場合には，当該金額が
将来において返金の対象となる可能性があるとしても，顧客との契約か
ら生じた債権を認識する。

(*3) @60×1,500個－(@72－@60)×200個＝87,600

又は，@60×合計販売数量(200個＋1,500個)－既計上額14,400(*1)

＝87,600

(注) 取引価格の事後的な変動のうち，既に充足した履行義務に配分された
額については，取引価格が変動した期の収益の額を修正する。

(*4) (@72－@60)×合計販売数量(200個＋1,500個)＝20,400

(注) 顧客から受け取った又は受け取る対価の一部あるいは全部を顧客に返
金すると見込む場合，受け取った又は受け取る対価の額のうち，企業が
権利を得ると見込まない額について，返金負債を認識する。したがって，
返金されると見込まれる20,400(*4)について返金負債を認識する。

(注) 上記仕訳は以下のように分解して考えてもよい。

(1) 1,500個の販売

(借) 売 掛 金	108,000(*2)	(貸) 売 上	108,000

(2) 1,500個に係る取引価格の修正

(借) 売 上	18,000	(貸) 返 金 負 債	18,000(*5)

(*5) (@72－@60)×1,500個＝18,000

(3) 200個に係る取引価格の修正

(借) 売 上	2,400	(貸) 返 金 負 債	2,400(*6)

(*6) (@72－@60)×200個＝2,400

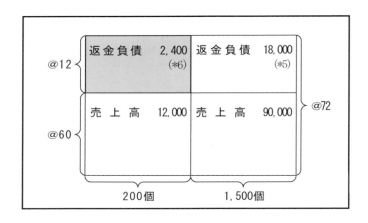

エ．正しい（契約資産）

(1) 商品Ｄの移転時

(借) 契　約　資　産　6,600　(貸) 売　　　　　上　6,600(*1)

(*1) 商品Ｄの独立販売価格

(注) 9,000千円の対価は，当社が商品Ｄと商品Ｅの両方をｄ社に移転した
後にはじめて支払われる。したがって，当社は，商品Ｄと商品Ｅの両方
が顧客に移転されるまで，対価に対する無条件の権利（顧客との契約か
ら生じた債権）を有さない。

(注) 商品Ｄと商品Ｅを移転する約束のそれぞれを履行義務として識別し，
両者の独立販売価格に基づき，商品Ｄを移転する履行義務に 6,600千円，
商品Ｅを移転する履行義務に 2,400千円を配分する。

(2) 商品Ｅの移転時

(借) 売　　掛　　金　9,000(*3) (貸) 契　約　資　産　6,600(*1)
　　　　　　　　　　　　　　　　　売　　　　　上　2,400(*2)

(*2) 商品Ｅの独立販売価格

(*3) 顧客との契約から生じた債権

オ．　誤　り（企業が代理人に該当する場合）

（1）×4年7月14日

（借）売 掛 金	20,000	（貸）手 数 料 収 入	20,000(*1)

（*1）販売価格100,000×20％＝20,000

（注）当社により製品が顧客に提供されるように手配するという約束を当社
　　が充足する時に，当社は自らが権利を得る手数料の金額20,000(*1)を収
　　益として認識する。

（注）顧客への財又はサービスの提供に他の当事者が関与している場合にお
　　いて，顧客との約束が当該財又はサービスを当該他の当事者によって提
　　供されるように企業が手配する履行義務であると判断され，企業が代理
　　人に該当するときには，他の当事者により提供されるように手配するこ
　　とと交換に企業が権利を得ると見込む報酬又は手数料の金額（あるいは
　　他の当事者が提供する財又はサービスと交換に受け取る額から当該他の
　　当事者に支払う額を控除した純額）を収益として認識する。

したがって，最も適切なものの番号は3. である。

 問題 **50**

本問のポイント カスタマー・ロイヤルティ・プログラム

▼解　説▼ （単位：千円）

Ⅰ．×2年度

1．商品の販売時

（借）現　金　預　金	50,000	（貸）売　　　上　　　高	48,077(*1)
		契　約　負　債	1,923(*2)

(*1) 取引価格50,000×$\dfrac{商品の独立販売価格50,000}{独立販売価格合計（商品50,000＋ポイント2,000）}$

$$=48,076.923\cdots \rightarrow 48,077（四捨五入）$$

(*2) 取引価格50,000×$\dfrac{ポイントの独立販売価格2,000}{独立販売価格合計（商品50,000＋ポイント2,000）}$

$$=1,923.076\cdots \rightarrow 1,923（四捨五入）$$

（注）履行義務への取引価格の配分は，独立販売価格の比率で行うこととされ
ており，追加の財又はサービスを取得するオプションの独立販売価格を直
接観察できない場合には，オプションの行使時に顧客が得られるであろう
値引きについて，オプションが行使される可能性を考慮して当該オプショ
ンの独立販売価格（ポイントの独立販売価格合計 2,000千円（＝0.8円×2,
500千ポイント））を見積る。ポイントに配分された取引価格は，契約負債
として認識する。

2．×2年度末

（借）契　約　負　債	1,154(*3)	（貸）売　　　上　　　高	1,154

(*3) 1,923(*2)×$\dfrac{×2年度末までに使用されたポイント累計1,200千ポイント}{使用されると見込むポイント総数2,000千ポイント}$

$$=1,153.8 \rightarrow 1,154（四捨五入）$$

（注）将来の財又はサービスが移転する時，あるいは当該オプションが消滅す
る時に収益を認識する。

　◎　①の解答：**769**(*4)

(*4) 1,923(*2)－1,154(*3)＝769

Ⅱ．×３年度

　１．×３年度末（②の解答）

(借) 契　約　負　債	368(*5)	(貸) 売　　上　　高	368

（*5）　1,522(*6)－1,154(*3)＝368

（*6）　1,923(*2)×$\dfrac{\text{×３年度末までに使用されたポイント累計1,900千ポイント}}{\text{変更後の使用されると見込むポイント総数2,400千ポイント}}$

　　　　　　　　　　　　　　　＝1,522.375 → 1,522（四捨五入）

　　以上より，正解は，1.となる。

問題 **51**

| 本問のポイント | 建設業会計 |

▼解　説▼ （単位：千円）

1．A工事

（注）履行義務の充足に係る進捗度を合理的に見積ることができる場合，当該
進捗度に基づき，一定の期間にわたり収益を認識する。

完 成 工 事 高：

契約価額700,000

$$-契約価額700,000 \times \frac{過年度工事原価発生額448,000（*1）}{見積総工事原価560,000}$$

$$=×3年度工事収益140,000$$

（*1）×1年度工事原価140,000＋×2年度工事原価308,000＝448,000

完 成 工 事 原 価：×3年度工事原価115,000

完成工事総利益：140,000－115,000＝25,000

2．B工事

完 成 工 事 高：

契約価額1,100,000

$$\times \frac{×2年度工事原価63,000＋×3年度工事原価451,800}{新見積総工事原価858,000}$$

$$-契約価額1,100,000 \times \frac{×2年度工事原価63,000}{旧見積総工事原価825,000}$$

$$=×3年度工事収益576,000$$

完 成 工 事 原 価：×3年度工事原価451,800

完成工事総利益：576,000－451,800＝124,200

3．C工事

完 成 工 事 高：

契約価額780,000×$\dfrac{×3年度工事原価595,000}{新見積総工事原価850,000}$

$=×3$年度工事収益546,000

完 成 工 事 原 価：

×3年度工事原価595,000＋工事損失引当金繰入額21,000(*1)

$=616,000$

(*1)　見積工事損失70,000(*2)－当期までに計上した損失49,000(*3)＝21,000

(*2)　新見積総工事原価850,000－契約価額780,000＝70,000

(*3)　×3年度工事原価595,000－×3年度工事収益546,000＝49,000

完成工事総利益：546,000－616,000＝△70,000

4．D工事

（注）履行義務の充足に係る進捗度を合理的に見積ることができない場合，原価回収基準により収益を認識する。

完 成 工 事 高：

契約価額340,000－×2年度工事収益95,200＝244,800

（注）履行義務を充足する際に発生する費用のうち，回収することが見込まれる費用の金額で収益を認識する。なお，本問では問題文より，費用がすべて回収できると見込まれるため，×2年度においては発生した費用の全額が収益となる。

完 成 工 事 原 価：×3年度工事原価144,800

完成工事総利益：244,800－144,800＝100,000

5．解答数値の算定

A工事25,000＋B工事124,200－C工事70,000＋D工事100,000＝179,200

公認会計士短答式試験対策シリーズ

ベーシック問題集　財務会計論 計算問題編　第9版

2007年11月15日　初　版　第1刷発行
2023年 9 月20日　第 9 版　第1刷発行

編 著 者　　Ｔ Ａ Ｃ 株 式 会 社
　　　　　　　　　　　　（公認会計士講座）
発 行 者　　多 　田 　敏 　男
発 行 所　　Ｔ Ａ Ｃ株式会社　出版事業部
　　　　　　　　　　　　　（Ｔ Ａ Ｃ出版）
　　　　　　　〒101-8383
　　　　　　　東京都千代田区神田三崎町3-2-18
　　　　　　　電話03(5276)9492(営業)
　　　　　　　FAX 03(5276)9674
　　　　　　　https://shuppan.tac-school.co.jp
印 　　刷　　株 式 会 社 ワ 　　コ 　　ー
製 　　本　　東 京 美 術 紙 工 協 業 組 合

© TAC 2023　　Printed in Japan　　ISBN 978-4-300-10537-5
　　　　　　　　　　　　　　　　　N.D.C. 336

公認会計士講座のご案内

スクール選びで
合否が決まる！

[東京会場]
東京マリオットホテル

実績で選ぶならTAC！

令和4年度　公認会計士試験
TAC 合格祝賀パーティー

[大阪会場]
ホテル阪急インターナショナル

新試験制度制定後
2006年〜2022年
公認会計士論文式試験
TAC 本科生合格者
累計実績※

9,717 名※

2006年 633名 + 2007年 1,320名 + 2008年 1,170名 + 2009年 806名 + 2010年 885名 + 2011年 554名 + 2012年 550名 + 2013年 458名 + 2014年 415名 + 2015年 372名 + 2016年 385名 + 2017年 352名 + 2018年 357名 + 2019年 360名 + 2020年 401名 + 2021年 289名 + 2022年 410名

TAC出版 書籍のご案内

TAC出版では、資格の学校TAC各講座の定評ある執筆陣による資格試験の参考書をはじめ、資格取得者の開業法や仕事術、実務書、ビジネス書、一般書などを発行しています!

TAC出版の書籍

*一部書籍は、早稲田経営出版のブランドにて刊行しております。

資格・検定試験の受験対策書籍

- ✪日商簿記検定
- ✪建設業経理士
- ✪全経簿記上級
- ✪税 理 士
- ✪公認会計士
- ✪社会保険労務士
- ✪中小企業診断士
- ✪証券アナリスト

- ✪ファイナンシャルプランナー(FP)
- ✪証券外務員
- ✪貸金業務取扱主任者
- ✪不動産鑑定士
- ✪宅地建物取引士
- ✪賃貸不動産経営管理士
- ✪マンション管理士
- ✪管理業務主任者

- ✪司法書士
- ✪行政書士
- ✪司法試験
- ✪弁理士
- ✪公務員試験(大卒程度・高卒者)
- ✪情報処理試験
- ✪介護福祉士
- ✪ケアマネジャー
- ✪社会福祉士 ほか

実務書・ビジネス書

- ✪会計実務、税法、税務、経理
- ✪総務、労務、人事
- ✪ビジネススキル、マナー、就職、自己啓発
- ✪資格取得者の開業法、仕事術、営業術
- ✪翻訳ビジネス書

一般書・エンタメ書

- ✪ファッション
- ✪エッセイ、レシピ
- ✪スポーツ
- ✪旅行ガイド (おとな旅プレミアム/ハルカナ)
- ✪翻訳小説

(2021年7月現在)

書籍のご購入は

1 **全国の書店、大学生協、ネット書店で**

2 **TAC各校の書籍コーナーで**

資格の学校TACの校舎は全国に展開!
校舎のご確認はホームページにて

資格の学校TAC ホームページ
https://www.tac-school.co.jp

3 **TAC出版書籍販売サイトで**

CYBER TAC出版書籍販売サイト
BOOK STORE

24時間ご注文受付中

TAC 出版　で　検索

https://bookstore.tac-school.co.jp/

- 新刊情報をいち早くチェック!
- たっぷり読める立ち読み機能
- 学習お役立ちの特設ページも充実!

TAC出版書籍販売サイト「サイバーブックストア」では、TAC出版および早稲田経営出版から刊行されている、すべての最新書籍をお取り扱いしています。
また、無料の会員登録をしていただくことで、会員様限定キャンペーンのほか、送料無料サービス、メールマガジン配信サービス、マイページのご利用など、うれしい特典がたくさん受けられます。

サイバーブックストア会員は、特典がいっぱい! (一部抜粋)

通常、1万円(税込)未満のご注文につきましては、送料・手数料として500円(全国一律・税込)頂戴しておりますが、1冊から無料となります。

専用の「マイページ」は、「購入履歴・配送状況の確認」のほか、「ほしいものリスト」や「マイフォルダ」など、便利な機能が満載です。

メールマガジンでは、キャンペーンやおすすめ書籍、新刊情報のほか、「電子ブック版TACNEWS(ダイジェスト版)」をお届けします。

書籍の発売を、販売開始当日にメールにてお知らせします。これなら買い忘れの心配もありません。

公認会計士試験対策書籍のご案内

TAC出版では、独学用およびスクール学習の副教材として、各種対策書籍を取り揃えています。
学習の各段階に対応していますので、あなたのステップに応じて、合格に向けてご活用ください!

短答式試験対策

・財務会計論【計算問題編】
・財務会計論【理論問題編】
・管理会計論
・監査論
・企業法

『ベーシック問題集』
シリーズ A5判

● 短答式試験対策を本格的に
始めた方向け、苦手論点の
克服、直前期の再確認に最適!

・財務会計論【計算問題編】
・財務会計論【理論問題編】
・監査論
・企業法

『アドバンスト問題集』
シリーズ A5判

● 『ベーシック問題集』の上級編。
より本試験レベルに対応して
います

『財務会計論会計基準
早まくり条文別問題集』
B6変型判

● ○×式の一問一答で会計基準を
早まくり
◎ 論文式試験対策にも使えます

論文式試験対策

・財務会計論【計算編】
・管理会計論

『新トレーニング』
シリーズ B5判

● 基本的な出題パターンを
網羅。効率的な解法による
総合問題の解き方を
身に付けられます!
◎ 各巻数は、TAC公認会計士
講座のカリキュラムにより
変動します
◎ 管理会計論は、短答式試験
対策にも使えます

過去問題集

『短答式試験 過去問題集』
『論文式試験必修科目 過去問題集』
『論文式試験選択科目 過去問題集』
A5判

● 直近3回分の問題を、ほぼ本試験形式で再現。
TAC講師陣による的確な解説付き

企業法対策

公認会計士試験の中で毛色の異なる法律科目に対して苦手意識のある方向け。
弱点強化、効率学習のためのラインナップです

入 門

『はじめての会社法』
A5判　田﨑 晴久 著
● 法律の知識ゼロの人でも、これ1冊で会社法の基礎がわかる!

短答式試験対策

『企業法早まくり肢別問題集』
B6変型判　田﨑 晴久 著
● 本試験問題を肢別に分解、整理。簡潔な一問一答式で合格に必要な知識を網羅!

書籍の正誤に関するご確認とお問合せについて

書籍の記載内容に誤りではないかと思われる箇所がございましたら、以下の手順にてご確認とお問合せをしてくださいますよう、お願い申し上げます。

なお、正誤のお問合せ以外の**書籍内容に関する解説および受験指導などは、一切行っておりません。**

そのようなお問合せにつきましては、お答えいたしかねますので、あらかじめご了承ください。

1 「Cyber Book Store」にて正誤表を確認する

TAC出版書籍販売サイト「Cyber Book Store」の
トップページ内「正誤表」コーナーにて、正誤表をご確認ください。

CYBER TAC出版書籍販売サイト
BOOK STORE

URL：https://bookstore.tac-school.co.jp/

2 1の正誤表がない、あるいは正誤表に該当箇所の記載がない ⇒ 下記①、②のどちらかの方法で文書にて問合せをする

★ご注意ください★

お電話でのお問合せは、お受けいたしません。

①、②のどちらの方法でも、お問合せの際には、「お名前」とともに、

「対象の書籍名（○級・第○回対策も含む）およびその版数（第○版・○○年度版など）」

「お問合せ該当箇所の頁数と行数」

「誤りと思われる記載」

「正しいとお考えになる記載とその根拠」

を明記してください。

なお、回答までに1週間前後を要する場合もございます。あらかじめご了承ください。

① ウェブページ「Cyber Book Store」内の「お問合せフォーム」より問合せをする

【お問合せフォームアドレス】

https://bookstore.tac-school.co.jp/inquiry/

② メールにより問合せをする

【メール宛先　TAC出版】

syuppan-h@tac-school.co.jp

※土日祝日はお問合せ対応をおこなっておりません。
※正誤のお問合せ対応は、該当書籍の改訂版刊行月末日までといたします。

乱丁・落丁による交換は、該当書籍の改訂版刊行月末日までといたします。なお、書籍の在庫状況等により、お受けできない場合もございます。

また、各種本試験の実施の延期、中止を理由とした本書の返品はお受けいたしません。返金もいたしかねますので、あらかじめご了承くださいますようお願い申し上げます。

（2022年7月現在）